LES
ÉTABLISSEMENTS DE PÊCHE

ET LE

DOMAINE PUBLIC MARITIME

APERÇU HISTORIQUE

Par R. BUSSON

AIDE-COMMISSAIRE DE LA MARINE

PARIS

LIBRAIRIE MILITAIRE DE L. BAUDOIN ET Cⁱᵉ

IMPRIMEURS-ÉDITEURS

30, Rue et Passage Dauphine, 30

1888

LES
ÉTABLISSEMENTS DE PÊCHE

ET LE

DOMAINE PUBLIC MARITIME

APERÇU HISTORIQUE

Extrait de la **Revue maritime et coloniale**

(Années 1887 et 1888)

Paris. — Imprimerie L. Baudoin et Cᵉ, 2, rue Christine.

LES
ÉTABLISSEMENTS DE PÊCHE

ET LE

DOMAINE PUBLIC MARITIME

APERÇU HISTORIQUE

Par R. BUSSON
AIDE-COMMISSAIRE DE LA MARINE

PARIS
LIBRAIRIE MILITAIRE DE L. BAUDOIN ET Cⁱᵉ
IMPRIMEURS-ÉDITEURS
30, Rue et Passage Dauphine, 30

1888

LES
ÉTABLISSEMENTS DE PÊCHE

ET LE

DOMAINE PUBLIC MARITIME

APERÇU HISTORIQUE

I.

Considérations préliminaires.

« On trouve dans la mer animée, a dit Lacépède [1], de l'unité et de la diversité qui constituent le beau ; de la grandeur et de la simplicité qui forment le sublime ; de la puissance et de l'immensité qui commandent le respect. » Quoi de plus grandiose, en effet, que la création marine ; quoi de plus merveilleux ? Depuis ces myriades

NOTA. — Depuis l'achèvement de ce travail terminé en juillet 1885, a paru au *Bulletin officiel de la marine*, en date du 2 mai dernier, un intéressant rapport de M. Louis Caffarena sur la pêche côtière dans le Ier et le Ve arrondissement maritime.

Ce document, que le ministre a revêtu de son approbation, offre — et nous nous en félicitons — beaucoup de points communs avec notre étude, son auteur ayant vraisemblablement puisé aux sources que nous avons nous-même exploitées. Nous sommes heureux surtout de constater que nos conclusions se trouvent appuyées par celles de M. Caffarena, et que, « le filet traînant étant l'ennemi », il en demande comme nous la prohibition.

[1] *Histoire des poissons.*

d'animalcules dont l'agglomération créatrice fait surgir des mondes de la profondeur des eaux, jusqu'à ces énormes cétacés qui surpassent vingt fois les plus grands quadrupèdes, quelle variété d'êtres, et quelle harmonie dans cette variété ! Quelle suite dans cette chaîne ininterrompue dont l'homme tient peut-être les deux bouts, mais dont, après six mille ans, il n'a pas encore fini de compter les anneaux ! Certes, il ne saurait être assez ingrat pour ne point bénir la Providence dans un élan de son cœur, lorsqu'il considère avec quelle sollicitude prodigue Elle a présidé à la création de ceux de ces êtres innombrables qu'Elle destinait à la satisfaction plus immédiate de ses besoins. Nous voulons parler des poissons comestibles.

On l'a répété souvent : Qu'est-ce que la mer sinon un vaste champ que Dieu seul ensemence et où l'homme n'a que la peine de moissonner ? Le laboureur cultive péniblement la terre, et cependant cette terre s'épuise à produire : il faut la ménager par d'ingénieux assolements, la mettre fréquemment en jachère. Trop souvent encore, malgré ces précautions et des soins coûteux, la récolte compromise par les pluies, les neiges ou les gelées n'est pas rémunératrice. Le pêcheur, lui, ne donne rien à la mer; et la mer, avec sa fécondité toujours égale bien que tant de fois séculaire, le comble de ses largesses. Il récolte en un mois, en un jour, parfois même en quelques coups de filet, plus que l'agriculteur durant l'année entière. Bien plus, à époques fixes et des extrémités du globe, la moisson vient à lui, et quelle moisson ! Bien plus encore, la mer lui fournit le sel pour la conserver. Le pêcheur n'a qu'à prendre; et, s'il est vrai, comme l'affirme Franklin, que « tout homme qui pêche un poisson tire de la mer une pièce de monnaie », on s'explique aisément comment autrefois de simples stations de pêcheurs, Marseille, Venise, Amsterdam, atteignirent bientôt un si haut degré de prospérité, et l'on est tenté de s'écrier, en modifiant le vers du poëte : *O fortunatos nimium..... piscatores !*

Ce n'est pas par plaisir que le laboureur ouvre, la sueur au front, le sillon de son champ. Il est donc vraisemblable que les hommes se nourrirent tout d'abord de poisson, aliment qu'il leur était si facile de se procurer, et d'ailleurs éminemment sain [1], comme le prouve

---

[1] « Plus un pays produit de poisson, plus il produit d'hommes », disent les Chinois. Ce proverbe oriental est justifié par le développement extraordinaire de la population

LES ÉTABLISSEMENTS DE PÊCHE. 3

la vigueur de tempérament de tous les peuples ichthyophages. C'est
l'opinion de Lacépède et de Cuvier. « La connaissance des poissons,
observe ce dernier naturaliste [1], née de l'habitude de s'en nourrir,
dut être la première qu'acquirent les hommes » ; car, ajoute-t-il, « il
n'est pas d'aliment que la nature lui offre en plus grande abondance. »

Et, en effet, sans tenir compte de la production animale des eaux
douces qui n'est rien en comparaison de celle de la mer, la densité
des êtres qui peuplent, à des degrés variables de profondeur, l'é-
tendue des eaux, c'est-à-dire les trois quarts de notre planète, est
bien autrement grande que celle des animaux terrestres. L'huître est
si prodigieusement abondante aux États-Unis [2] que, il n'y a pas encore
très longtemps, la navigation côtière y était sérieusement menacée
par les récifs que formaient ces mollusques sur certains points du
littoral; et nos eaux ne sont-elles pas envahies chaque année par
ces immenses bancs de poissons migrateurs, véritables îles vivantes,
qui, après avoir apporté à nos pêcheurs une récolte aussi riche que
facile, regagnent les régions septentrionales pour recommencer
bientôt leurs mystérieux voyages [3]?

dans le Céleste Empire, et par les propriétés nutritives, plastiques et, peut-être aussi,
prolifiques que la science a reconnues dans la plupart des animaux aquatiques. M. Coste
cite (*Voyage d'exploration sur le littoral de la France et de l'Italie — Industrie de
la lagune de Comacchio*, Paris, 1855), comme mémorable exemple de l'excellence de ce
mode d'alimentation, le parfait état des habitants de Comacchio qui, vivant exclusivement
du produit de leur pêche, ont conservé pur, à travers les siècles, le type de leur race.
Mais le même savant combat l'opinion accréditée par Montesquieu après Hippocrate
(*Esprit des lois*, livre XXIII, chap. 13) que l'usage continu du poisson engendre une
grande puissance prolifique.
  [1] Cuvier et Valenciennes, *Histoire naturelle des poissons*, Paris, 1828-1837.
  [2] L'huître, aux États-Unis, est une des bases de l'alimentation publique. Dans les
grands centres de population, il existe de nombreux établissements (*oyster-houses*) où
on les débite sous toutes les formes, conservées, marinées, à l'étuvée, rôties, au gra-
tin, etc. A New-York, indépendamment d'une foule de boutiques, il y a plus de trois
cents de ces restaurants plus spécialement consacrés à la vente des huîtres. Dans cette
seule ville, la plus populeuse, il est vrai, de l'Union, la consommation des huîtres atteint
annuellement le chiffre de 35 millions de francs ! (Voir, sur la méthode de culture dite
des plantations, la législation protectrice de l'industrie huîtrière, et la consommation
des autres mollusques comestibles que nous dédaignons en France, l'ouvrage très intéressant de M. de Broca : *Étude sur l'industrie huîtrière des États-Unis*, Paris, 1863.)
  [3] « Pour aider nos lecteurs à se faire une idée de la quantité incroyable de harengs
qui arrivent tous les ans dans nos mers, nous nous contenterons de dire que l'espace
occupé en pleine mer par la grande caravane est aussi vaste que l'étendue de l'Angleterre et de l'Irlande prises ensemble. Aussi, cette légion de harengs doit-elle prodigieusement se serrer pour passer entre les côtes du Groënland et le cap Nord. Ce détroit a

Il est vrai que le poisson de mer — c'est un fait prouvé par l'expérience [1] — n'est pas, au moins à un degré pratique, susceptible de domestication, ni par suite, d'amélioration ou de multiplication artificielle. Mais il n'en est pas besoin : l'infinie variété de ses espèces peut fournir le mets le plus délicat aux festins du riche et l'aliment quotidien à la table du pauvre ; d'autre part, son pouvoir prolifique, pour ainsi dire illimité [2], assure sa perpétuelle conservation, en dépit de causes de destruction innombrables.

Aussi, quand on réfléchit à la puissance de production de l'Océan, on est tenté de se demander s'il ne lui est pas réservé de jouer un rôle capital dans le grave problème de l'alimentation humaine, et si les générations à venir ne viendront pas, à un moment donné, y puiser la majeure partie de leur subsistance.

Étant connue cette fertilité de la mer, un fait surprend : la rareté du poisson. Le poisson, aujourd'hui, n'entre que pour une infime proportion dans notre régime économique [3] ; une cherté excessive, dans

pourtant 200 milles de largeur. » (Conradi, *Histoire des pêches, des découvertes et des établissements des Hollandais dans les mers du Nord*, Amsterdam, 1784. Traduction française de Bernard de Reste, Paris, 1791 — an IX.)

Nous ne garantissons pas l'exactitude de l'assertion, qui a été soutenue d'ailleurs par plusieurs savants. Ainsi, Anderson a prétendu de même que les harengs, en sortant de la mer Glaciale, formaient un banc de plusieurs centaines de milles de largeur. Ce qui est certain, c'est que le nombre des harengs est si considérable, que, dans leurs migrations, ils forment des bancs de plusieurs lieues de large, de plusieurs mètres d'épaisseur, et si serrés qu'ils se touchent tous.

Les migrations des harengs, comme celles des sardines et des maquereaux, ont donné lieu à des récits plus ou moins merveilleux, tendant à faire du pôle comme un foyer de production animale. Mais les ouvrages de Bloch et de Noël de la Morinière ont établi, dès le commencement de ce siècle, que ces poissons stationnent pendant une partie de l'année dans les profondeurs des mers du Nord qu'ils quittent, à certaines époques, pour se rapprocher des côtes, afin, sans doute, d'y frayer comme la plupart des autres poissons.

[1] Nous aurons l'occasion de revenir sur ce point.

[2] Disons, à titre d'exemple, qu'on compte plus de 9 millions d'œufs dans la femelle de la morue. Michelet dans son beau livre : *La Mer* (livre II, chap. Ier), a fait un tableau poétique et saisissant de cette incroyable fécondité.

[3] La consommation du poisson, de mer ou d'eau douce, est insignifiante en France : elle est, d'après les calculs basés sur la statistique, de 330 grammes par an pour chaque individu. A Paris même, où affluent des approvisionnements si considérables, elle n'est en moyenne, par an et par individu, que de 10 kilogrammes, dont 9 de poisson de mer. (Pizetta et De Bon, *Pisciculture et ostréiculture en France*, Paris, 1880.)

En Suède au contraire, en Norvège, en Hollande, en Angleterre, le poisson est un élément important de la subsistance publique. Mais la Chine est encore le pays du monde où la consommation du poisson est le plus considérable. Depuis un temps immémorial, le poisson y a été adopté, avec le riz, pour base de l'alimentation, et ces deux les villes de l'intérieur du moins, l'éloigne de la table des basses classes, comme la viande de boucherie qu'il y devrait remplacer : c'est un mets de luxe. La condition même du pêcheur est des plus misérables : son métier, devenu très rude, ne lui donne que peu de produits, dont la vente, faite à très bas prix cependant parce qu'il se laisse exploiter par les intermédiaires, ne lui offre plus des compensations en rapport avec ses nécessités et avec ses labeurs. Le pêcheur est découragé, et la pêche qui a fait la prospérité de tant de peuples, qui a formé l'élite de toutes les marines[1], la pêche est en France, depuis deux siècles, dans un état de malaise tel qu'on a craint plus d'une fois, notamment vers 1850, de voir sa ruine complète mettre seule un terme à sa décadence[2].

Voilà ce qui est : c'est le contraire de ce qui devrait être. Quelle est la cause d'une telle anomalie ? Avions-nous donc tort de célébrer plus haut la félicité du pêcheur ? Est-ce qu'il connaît, lui aussi, les années mauvaises ? Est-ce que l'Océan ne lui donne pas une récolte incessamment abondante, que rien ne saurait compromettre ? En un mot, la mer, malgré sa fécondité et son immensité, n'est-elle donc pas inépuisable ? Grave question, dont la solution semble s'imposer, et qui cependant a divisé, dans les divers pays et à diverses époques, des hommes également recommandables par leur valeur intellectuelle et leur savoir[3].

denrées ont reçu un développement extraordinaire au moyen de lacs, d'étangs, de canaux d'irrigation, « chefs-d'œuvre de patience, dit M. d'Abry de Thiersant (*La pisciculture et la pêche en Chine*, Paris, 1872, avant-propos), formant le système hydraulique le plus admirable et le plus complet qui ait jamais été conçu et exécuté. »

[1] « Les historiens attribuent les richesses, la splendeur et la puissance des Tyriens, des Sidoniens, des Carthaginois, des Rhodiens à l'art de la pêche qui avait formé chez eux des marins intrépides. Les Vénitiens, les Génois, les Hollandais, les Anglais dans nos temps modernes sont redevables de leurs richesses à la même cause. C'est avec quelques navires pêcheurs que, enhardis sur les mers, ces peuples se sont bientôt accrus, fortifiés, agrandis, et que, de pauvres matelots qu'ils étaient, ils sont devenus les rois de la mer. » (Baudrillart, *Dictionnaire des pêches*, Paris, 1827, discours préliminaire.)

[2] Nous n'entendons parler ici, et nous ne nous occuperons dans la suite de ce travail que de la petite pêche ou pêche du poisson frais, la seule à laquelle se rapportent les établissements de pêche.

[3] Cette question était déjà agitée au temps de Valin. « Que deviendrait la pêche, dit le savant commentateur de l'Ordonnance de la marine (art. 1er, titre 1er, livre V), s'il était permis de la faire avec des filets, d'où le petit poisson, le frai même, ne pourrait s'échapper? Quelque simple que soit ce raisonnement qui a la force d'une démonstration, il se trouve néanmoins des personnes, d'ailleurs judicieuses, qui ont la faiblesse d'adopter les idées de la populace, et de répéter, avec cette troupe imbécile, qu'il ne faut pas se défier de la Providence; que la mer est inépuisable, et que c'est peut-être aux

Les uns ont avancé que la destruction artificielle n'est rien, comparée à la destruction normale des espèces; que, par suite, le dépeuplement ne saurait se produire; que, si le poisson est rare, cela tient à ce que les engins employés sont insuffisants; et que, loin d'apporter aucune entrave à la liberté de la pêche, il faut, au contraire, étendre son champ d'action en lui procurant des moyens de capture plus efficaces, dussent-ils être plus destructeurs.

Les autres se sont vivement élevés contre ce système dont l'application entraînerait, ce nous semble, la ruine de la pêche côtière, et compromettrait les plus grands intérêts sociaux. Ils ont fait remarquer, et avec raison, que le dépeuplement de nos eaux maritimes est un fait indéniable qui s'est déjà produit à plusieurs reprises comme la conséquence naturelle d'une exploitation à outrance; qu'élargir le cercle d'activité de la pêche ne ferait que précipiter la ruine; qu'enfin, si l'on veut sauver ce qui nous reste de précieuses ressources alimentaires, il faut prendre toutes mesures compatibles avec l'intérêt de notre flotte, pour assurer la conservation du poisson, malgré le vandalisme du pêcheur.

Cette dernière théorie — la théorie de la réglementation rationnelle — est, à nos yeux, seule satisfaisante. Celle de la liberté absolue nie purement et simplement les faits. Elle a de plus pour base un raisonnement tout au moins étrange. La destruction par l'homme, dit-elle, n'est rien en comparaison de la destruction naturelle qui ne laisse parvenir à l'âge adulte que la millième partie du frai : *il ne faut donc en tenir aucun compte.* Or c'est précisément le contraire qu'il faudrait conclure. Car l'action de l'homme est d'autant plus pernicieuse qu'elle s'exerce sur une moins grande quantité de frai, cela est évident. Soient 100,000 germes. Les causes de déperdition normale, que la prodigieuse fécondité du poisson est destinée à neutraliser, et au nombre desquelles il faut ranger, bien entendu, l'action *raisonnable* de l'homme, en anéantissent 99900. Restent 100 germes pour assurer la reproduction. Or comme l'homme, par son fait, ne soustrait rien à la destruction normale — qui est constante, il faut

précautions employées pour restreindre la liberté indéfinie de la pêche, que l'on doit attribuer la disette du poisson que l'on éprouve depuis longtemps sur toutes les côtes du royaume; de sorte qu'il ne tient pas à eux qu'on ne pense que cette diminution trop sensible de la pêche est une punition du Ciel, en haine des mesures prises dans la seule vue de la rendre plus abondante? Peut-on abuser ainsi du droit de raisonner? »

bien le remarquer, parce qu'elle est un des facteurs de l'équilibre admirable des choses de la nature, — c'est sur ces 100 germes que porte tout entière son action *abusive*. Mais, comme on l'a fort bien dit, « la nature qui neutralise les causes de destruction naturelles n'est pas armée contre les perturbateurs artificiels [1] »; en d'autres termes, tout se passe comme s'il n'y avait pas de destruction naturelle, et comme si les poissons étaient mille fois moins féconds. Comment nier dès lors l'importance de la destruction artificielle? Si l'homme détruit seulement 25 œufs avant l'éclosion, 25 alevins avant l'âge adulte, la reproduction ne sera-t-elle pas réduite par son fait, et cela à la moitié de ce qu'elle aurait dû être, bien qu'il n'ait détruit que 50 germes sur 100,000? Et, si au lieu de 100 œufs, il n'en était resté que 10, la multiplication du poisson ne serait-elle pas plus gravement compromise encore? On peut donc affirmer que la mer n'est pas inépuisable, que l'action variable de l'homme peut, par son excès, — et peut seule, la destruction naturelle étant constante et neutralisée — diminuer la production océanique, qu'enfin la capture du moindre alevin contribue au dépeuplement.

D'ailleurs, la théorie que la mer est inépuisable a sa source dans l'idée fausse que l'on se fait de la répartition du poisson dans les eaux maritimes. « Certains parages voisins des côtes, a écrit l'un de ses adeptes [2], peuvent sans doute s'épuiser momentanément; mais un coup de rame, un vent favorable, portent vite le pêcheur sur des fonds poissonneux qu'il s'efforcerait vainement d'appauvrir.... car l'Océan recèle de quoi nourrir cent fois les 800 millions d'hommes qui cultivent péniblement la surface de la terre. » On est en effet porté à se figurer que le poisson est également réparti dans toute l'étendue des mers, et on en conclut que, lorsque les eaux des côtes sont épuisées, il suffit de s'en éloigner pour faire des pêches merveilleuses dans des eaux encore inexploitées.

Or, s'il faut en croire les hommes compétents, cette densité uniforme du poisson est absolument contraire à la réalité [3].

[1] Fournier et Enrici-Bajon, *Cours d'administration des élèves-commissaires de la marine*, Paris, 1879, tome II.

[2] Thomassy, *Missions et pêcheries, ou politique maritime et religieuse de la France*, Paris, 1833.

[3] Lors même qu'on se refuserait à admettre la distribution hydrographique des animaux marins que nous allons indiquer, bien qu'elle ait pour elle à la fois et les données de l'expérience et la vraisemblance la plus grande, il est en fait qu'on ne saurait nier.

Qu'on imagine tout le long des côtes un vaste ruban de mer s'étendant du rivage au large jusqu'à une profondeur de 150 à 200 mètres, et par conséquent dont la largeur très inégale varie en sens inverse de la plus ou moins grande déclivité du fond. C'est dans cette zone, qu'on appelle *région littorale*, que vivent et se meuvent toutes les espèces comestibles. Le poisson voyageur, en effet, bien qu'organisé pour la natation rapide et continuelle, accomplit toutes ses pérégrinations parallèlement au rivage et ne traverse jamais la pleine mer. Quant au poisson sédentaire, que, par sa nature, il soit constamment fixé sur les mêmes fonds ou qu'il circule plus ou moins de l'un à l'autre, il ne s'éloigne jamais non plus de cette zone où il est, lui aussi, cantonné ; car sa conformation l'assujettit à vivre dans des retraites qu'il ne trouverait point hors de la région littorale. Le poisson voyageur et le poisson sédentaire, attirés par les détritus organiques concentrés aux abords des côtes, cherchent et rencontrent dans les roches, les sables, les madrépores et surtout les herbiers du littoral, la nourriture et l'abri appropriés à chacune de leurs espèces. C'est donc une grande exagération que de faire de la mer un champ de moisson sans limite : le champ producteur, en réalité, est borné au ruban de végétation sous-marine qui borde les côtes. Au delà, les cétacés, les squales, les grandes espèces voraces habitent seules les profondeurs de l'Océan, comme les fauves le désert [1].

Si maintenant, dans cette région littorale même, on imagine un second ruban s'étendant du rivage au large jusqu'à une profondeur de 30 à 40 mètres, on déterminera la zone plus étroite dans laquelle s'opère la reproduction de toutes les espèces fixées à demeure dans le périmètre des côtes. Au moment de la ponte, c'est-à-dire au printemps, et, pour quelques espèces, en automne, le poisson sédentaire suit son instinct qui le pousse au rivage pour y frayer. Presque toutes les espèces se trouvent bientôt agglomérées sur une faible étendue. C'est dans ces eaux moins froides, abrités dans les fourrés

---

Si l'on veut bien observer, en effet, que la pêche n'est pas praticable au delà d'une profondeur assez limitée, et que la pleine mer ne peut satisfaire aux conditions d'existence des espèces qui vivent d'une façon permanente dans le voisinage des côtes, on sera forcé de reconnaître que, sinon tout le poisson qui *pourrait contribuer* à l'alimentation, du moins tout le poisson qui, en réalité, y *contribue*, est concentré dans la région littorale, ce qui revient au même, au point de vue de la thèse de la mer inépuisable.

[1] Ce n'est pas à dire, cela s'entend, qu'il n'existe aucune autre espèce de poisson, même comestible, en dehors de la région littorale.

d'algues ou les crevasses des roches, que les alevins éclosent et se développent.

Ainsi, c'est dans un espace relativement restreint que se trouvent accumulées toutes les richesses alimentaires de la mer et les sources mêmes de leur production : la Providence, dans sa libéralité, et par un enchaînement d'admirables combinaisons, a tout fait converger vers la main de l'homme.

Il n'est donc pas possible de soutenir que la mer est inépuisable. Le champ d'activité ouvert à l'industrie du pêcheur est essentiellement limité; et, s'il dévaste par des pratiques abusives les fonds confiés à son exploitation, les parages plus éloignés des côtes ne lui assureront pas, quoi qu'on dise, l'impunité de son insouciance.

Sans doute on peut prétendre, bien que cela soit contestable et contesté [1], que, pour les espèces nomades, le dépeuplement ne saurait se produire. Mais on ne peut soutenir la même thèse en ce qui concerne les espèces locales que nous avons ici seules en vue, parce qu'elles seules sont l'aliment des pêches permanentes, c'est-à-dire de la petite pêche proprement dite. Étant donné en effet certains procédés de pêche, il serait vraiment étonnant que leur exercice n'engendrât pas des résultats déplorables.

La pêche qui se pratique sur les côtes se fait *en bateau* ou *à pied* [2].

La pêche en bateau comporte l'emploi d'hameçons et de filets. Les premiers ne peuvent avoir sur le frai aucune action nuisible. Quant aux filets, il faut qu'ils soient, pour être à peu près inoffensifs, *flottant* entre deux eaux ou *dormant* sur le fond de pêche. Dans ces condi-

---

[1] Le poisson de passage peut s'éloigner des côtes, soit parce qu'il n'y trouve plus sa nourriture, soit parce que les procédés de pêche l'ont effarouché, soit enfin pour d'autres causes inconnues. Il est certain que le thon ne fréquente plus notre côte de la Méditerranée comme autrefois, et que le hareng est moins abondant dans la Manche que par le passé. La sardine disparaît sur la côte du Morbihan. En 1885, le Conseil général de ce département, persuadé que les filets traînants ont, par leur action, occasionné cette disparition de la sardine, a émis le vœu (séance du 15 mai) de voir l'emploi de la drague interdit dans le coureau de Belle-Isle. Mais le rapport, en date du 15 juin, de M. le commissaire général de la marine à Lorient, a très bien mis en lumière l'innocuité, dans l'espèce, des filets traînants. Le *statu quo* a été maintenu par la dépêche ministérielle du 18 juillet 1885, et plus récemment, sur les nouvelles réclamations du Conseil général, par celle du 9 septembre 1886.

[2] Les engins de pêche affectent des formes et des dénominations sans nombre; on trouvera dans les *Dictionnaires des pêches* de Duhamel du Monceau (*Traité général des pêches et histoire des poissons qu'elles fournissent*, Paris, 1769-1783), de Baudrillart (*Traité général des eaux et forêts, chasses et pêches*, IV° partie, Paris, 1827), et de La Blanchère (Paris, 1868), la description détaillée des principaux d'entre eux.

tions, ils n'occasionnent aucun bouleversement des fonds, et le fretin s'échappe librement, si leurs mailles ont d'ailleurs une largeur suffisante. Mais il n'en est pas de même des filets *traînants*. Un filet traînant [1], qu'il porte le nom de chalut, de gangui, de drague ou tout autre, est un immense sac remorqué par une ou deux barques de puissante voilure [2], et dont la partie inférieure est munie d'une armature de fer qui racle le fond et précipite dans la gueule béante du filet tout ce qui se trouve sur son passage. Cet engin terrible, durant sa course violente sous une forte brise, laboure les fonds de pêche, bouleverse les frayères, fauche les herbes marines qui abritent les œufs du poisson et les alevins, froisse ou écrase ces derniers, et rapporte enfin aux pêcheurs, après quelques heures de *traîne*, un horrible amoncellement de vase, de pierres, de goémon haché, de fretin et de poisson broyés ou morts dont la moitié à peine peut être utilisée. Le plus petit poisson ne saurait ici s'échapper; car, quelque dimension qu'aient les mailles, elles sont resserrées par l'énorme tension que la course et le poids traîné leur font éprouver, et obstruées d'ailleurs, surtout dans la partie du filet qui forme la poche, par le limon et les herbes.

Effrayante dévastation de la mer! C'est pourtant ce procédé barbare que les pêcheurs de la Méditerranée qualifient superbement de *grand art* et dont nos marins ont toujours usé de préférence, comme plus lucratif, pour l'exploitation de nos eaux côtières. Pour apprécier toute l'étendue des ravages dont il est capable, il suffit de supputer quel espace, en une seule année, un seul filet traînant peut parcourir dans la région littorale, dans la zone de reproduction [3]! Si la pêche

---

[1] Il y a deux sortes de filets traînants également usités : ceux qui servent à circonscrire un espace plus ou moins vaste de mer et qu'on hale à terre par leurs deux extrémités (seines, colerets, bouliers, etc.), et ceux composés en général d'un filet conique ou manche, avec ailes ou sans ailes, que les bateaux laissent traîner sur le fond (gangui, chalut, drague, tartanon, etc.). Nous parlons surtout ici de ces derniers engins, de tous les plus destructeurs.

[2] Certains filets de la Méditerranée, notamment le gangui, sont traînés indifféremment par un ou deux bateaux ou tartanes. Au premier cas, la pêche est dite *à la cache* (les deux bras du filet sont amarrés aux deux bouts de la tartane qui l'entraîne); au second, elle est dite *aux bœufs* (chacun des bras est amarré à l'un des bateaux). L'origine de ces dénominations est incertaine; elles proviennent sans doute de l'analogie qui existe entre l'action du filet traîné et celle de la charrue.

[3] « L'immense filet des chalutiers et des tartaniers, observe M. Sabin-Berthelot (*Études sur les pêches de l'Océan et de la Méditerranée*, Paris, 1868), drague le fond sur deux lieues d'étendue environ, chaque fois qu'il fonctionne, et il peut être mis en

à la traîne n'exigeait pas, heureusement, une mise de fonds assez considérable; si surtout diverses circonstances, et notamment la guerre, n'étaient venues, de temps à autre, en suspendre l'exercice, nos côtes partageraient aujourd'hui la stérilité proverbiale du golfe de Gênes.

En vain les commissaires de l'enquête anglaise[1] viennent-ils prétendre, d'après des témoignages intéressés, que les filets traînants sont innocents des crimes qu'on leur impute et contribuent même à la conservation du poisson : le gangui, le chalut et leurs similaires ont été de tout temps, au nom du bon sens et de l'expérience, condamnés par l'opinion universelle, et la prohibition en a été réclamée à cor et à cri par tous ceux auxquels ils ne profitaient pas.

La pêche à pied comporte certains procédés non moins destructeurs. Nous n'entendons pas parler ici de la pêche à pied proprement dite qui, se pratiquant au moyen de filets, de lignes, ou même par simple cueillette, ne peut avoir, vu les engins dont elle fait usage, qu'une faible influence sur la fertilité du littoral. Nous faisons allu-

---

pêche six fois en 18 heures. En supposant quatre mois de chômage dans le courant de l'année, quatre grands filets de traîne pêchant les huit mois restants pourront parcourir 5,800 lieues dans toutes les directions sur le fond de pêche où ils opèrent. »

M. Sabin-Berthelot, consul de France aux îles Canaries dont il a écrit, en collaboration avec M. Webb, une savante *Histoire naturelle* (Paris, 1835 et suiv.), comme son ami M. Rimbaud, ancien officier du commissariat de la marine, est un juge très compétent en ces matières. Tous deux ont longtemps pratiqué et étudié la pêche et l'ont défendue dans leurs écrits, avec une égale passion, contre tout ce qui leur paraissait contraire à ses intérêts.

[1] De 1863 à 1865, une commission de trois membres procéda, sur tout le littoral du Royaume-Uni, à une enquête sur la pêche côtière. Elle recueillit plus de 60,000 dépositions, mais si contradictoires et si partiales que son œuvre, bien que très laborieuse, ne jeta en somme aucun jour sur la situation. Cette commission, dont les conclusions furent viciées par le défaut d'expérimentation et de vérification pratiques, déclara que la pêche était impuissante à diminuer la production des eaux salées. « Cela, dit M. Rimbaud (*L'Industrie des eaux salées*, Paris, 1869), est peut-être vrai pour les grands réservoirs des mers du Nord dont la production migratrice rayonne, par divers affluents, sur la vaste étendue des bas-fonds échelonnés aux alentours des îles Britanniques; mais ce n'est point vrai pour la plus grande partie de nos côtes. » La commission alla jusqu'à dire qu'au cas où l'action des filets traînants serait réellement funeste, le mal se réparerait de lui-même « Si un fond de chalut est trop exploité, les pêcheurs seront les premiers à ressentir les inconvénients de leurs pratiques. Le poisson deviendra de plus en plus rare et le travail ne sera plus rémunérateur. Dès que cet effet aura lieu, les opérations de la pêche se ralentiront avant que le poisson ne disparaisse tout à fait, et celui-ci, grâce à son immense pouvoir de reproduction, aura bien vite repeuplé les fonds abandonnés par les chalutiers. Dans les cas de l'espèce, *toute mesure réglementaire ne nous paraît être qu'une intervention superflue entre l'homme et la nature.* » (Traduction du rapport de la commission, *Revue maritime et coloniale de 1866*.)

sion au mode d'exploitation des richesses marines qu'on pourrait qualifier de *pêche sédentaire*, et qui s'exerce par la constitution, en mer ou sur le rivage, d'établissements plus ou moins permanents, ne réclamant pas le concours du fait actuel de l'homme et destinés à la capture ou à l'élevage des produits comestibles de l'Océan.

Les établissements de capture sont compris sous la dénomination générale de *pêcheries*. Les pêcheries peuvent être constamment couvertes par les flots, ou asséchées à chaque marée, et, dans ce dernier cas, être à demeure ou simplement temporaires[1].

Les pêcheries *émergentes* permanentes, ou *pêcheries* proprement dites, consistent en une enceinte construite sur les grèves en vue d'un établissement perpétuel, où reste à sec, à mer basse, dans l'espace enclos, le poisson qu'y a porté le flot et que le jusant y a surpris. Selon qu'elles sont en pierres ou en bois et en clayonnages, ces pêcheries portent le nom d'*écluses* ou de *bouchots*. Elles sont établies exclusivement sur le littoral de l'Océan; car, on le sait, la marée est insensible dans la Méditerranée. — Les pêcheries temporaires sont formées de barrages en filets qui sont tendus sur des piquets solidement enfoncés dans le sol, mais qui pourraient être enlevés et tendus de nouveau sans exiger aucun travail de démolition. Elles n'existent que pour le temps actuel de la pêche, et on les enlève dans certaines saisons. Certains de ces barrages (bas parcs, cibaudières, courtines, etc.), agissent comme les pêcheries permanentes; d'autres (ravoirs, venets, hauts parcs, etc.), sont installés perpendiculairement à la côte ou aux courants en vue d'arrêter les espèces nomades ou locales.

Les pêcheries *immergées* ne sont employées que sur le littoral de la Méditerranée. Elles s'appellent *bordigues* et *madragues*[2]. D'origine très ancienne, ces vastes parcs sous-marins, disposés en sortes de labyrinthes dont le poisson ne peut sortir quand il s'y est engagé, ont un mode d'action analogue; mais, tandis que les madragues ont pour objet plus direct la capture du thon, les bordigues sont destinées à celle de toutes les espèces, lorsque, poussées par l'instinct, elles ont abandonné la mer pour gagner les lagunes ou les rivières à

[1] Voir, comme nous l'avons déjà dit, pour les variétés de formes et d'appellations des pêcheries, les dictionnaires classiques de Duhamel, de Baudrillart et de La Blanchère.
[2] On peut en lire la description dans l'ouvrage déjà cité de M. Sabin-Berthelot : *Études sur les pêches de l'Océan et de la Méditerranée.*

l'embouchure desquelles ces établissements sont calés. — Les madragues sont des appareils fort compliqués consistant en un immense quadrilatère [1] de filets en sparterie divisé en plusieurs chambres par des cloisons transversales également en filets. Les thons, passant en troupes, s'y engagent jusqu'à une dernière chambre spécialement aménagée, que les pêcheurs nomment *corpon* ou *corpou* (en espagnol, *copo* ou *chambre de mort*), où ils les harponnent pour les capturer. — Les bordigues forment de même un dédale de compartiments [2] en palissades de roseaux ou de joncs soutenues par des pieux. Le poisson y pénètre, lorsque des étangs salés il veut regagner la pleine mer; mais, par une disposition analogue à celle des nasses, il s'y trouve emprisonné. Les pêcheurs le retirent alors de ces réservoirs à volonté en y plongeant un cerceau à manche auquel est adaptée une poche en filet.

Les établissements d'élevage sont les bouchots à moules, les parcs à huîtres et à coquillages et les viviers ou réservoirs à poissons ou à crustacés.

Les *bouchots à moules* sont constitués par des pieux plantés dans les vasières qui existent principalement sur le littoral du IVe arrondissement maritime et supportant des clayonnages où les moules se fixent et ne tardent pas à acquérir la dimension marchande. Le pêcheur va les cueillir, à mer basse, comme à un espalier, à l'aide d'une petite barque spéciale nommée *acon* qu'il fait, du pied, glisser sur la vase.

Les *parcs à huîtres*, on le sait, sont établis au bord de la mer en vue de recueillir, par des procédés particuliers, le naissin de ce mollusque et de placer l'huître embryonnaire dans des conditions favorables à son développement.

Les *viviers* ou *réservoirs* sont simplement des bassins ayant une prise d'eau sur la mer, et destinés à recevoir soit du fretin en vue de son développement, soit du poisson adulte pour le faire reproduire ou le conserver seulement jusqu'à sa livraison à la consommation.

Tels sont les divers établissements de pêche installés dans la mer

[1] Les plus petites madragues ont 130 brasses de longueur sur 25 ou 30 de largeur.
[2] La multiplicité des compartiments a uniquement pour but d'empêcher que les poissons ne s'accumulent dans un même réservoir, car une trop grande masse dans une seule enceinte pourrait occasionner une trouée dans les parois.

ou sur son rivage. Ils sont loin d'avoir une influence égale sur la production de la région littorale.

Si les pêcheries temporaires ne sont que très peu nuisibles à la conservation du poisson [1], attendu que le fretin s'échappe librement par les mailles de leurs filets, il n'en est pas de même des écluses et des bouchots. Ces pêcheries, par suite de leur asséchement, anéantissent, sans profit pour personne, le menu poisson et le frai qu'elles ont retenus à mer descendante; et, si l'on veut bien remarquer que c'est précisément dans la partie la plus féconde de la zone de reproduction, c'est-à-dire tout près de la côte, qu'elles sont construites, on pourra se faire une idée de leur action destructive [2]. De plus, il est reconnu que la multiplicité de ces pêcheries en un même point du rivage a pour effet de déterminer des dépôts de vase qui ne sont pas moins funestes au frai du poisson qu'à la végétation herbacée où ce dernier trouve son abri et sa nourriture.

Les madragues et les bordigues sont loin d'être aussi dévastatrices. Toutefois, l'immense quantité de poisson que ces dernières sont capables de capturer au profit exclusif de ceux qui les exploitent contribue, on le conçoit, pour une large part, à l'appauvrissement des eaux environnantes, au plus grand détriment des pêcheurs des autres arts. Quant aux madragues, elles ont, de vieille date, suscité de vives réclamations pour le même motif; car, bien qu'établies dans le principe pour la pêche du thon, elles n'en prennent pas moins toutes sortes de poissons. Les pêcheurs, en outre, se sont plaints souvent, — mais le reproche ne paraît guère fondé que sur la jalousie — que le filet qui forme le corpon retenait le petit poisson et jusqu'au plus menu fretin, et nuisait ainsi à la multiplication de l'espèce.

Les bouchots à moules sont inoffensifs. Ils ne nuisent ni à la propagation de ce coquillage, au développement duquel ils contribuent

---

[1] Elles ne nuisent pas non plus à la liberté de la pêche. Cette liberté n'est, en effet, gênée que momentanément, sauf à tout autre à s'emparer de l'espace à l'occasion, ce qui, comme le dit Valin (*Ord. de la marine*, titre III, livre V, préambule), concourt à l'entretenir. Il n'en est pas de même des pêcheries à demeure : quiconque s'en fait possesseur, s'arroge un droit de pêche à perpétuité à l'exclusion de tous autres.

[2] On peut ménager des ouvertures dans les pêcheries pour laisser échapper le frai et le menu poisson; mais il est un inconvénient naturel qu'on ne surmontera jamais : des masses d'algues promenées par les courants viendront toujours boucher d'elles-mêmes les issues.

au contraire puissamment, ni au poisson sur lequel ils n'ont aucune action, à moins toutefois qu'ils ne constituent, en même temps que des bouchots à moules, des bouchots à poissons.

Les réservoirs ont été l'objet de nombreuses et vives polémiques [1], — ceux du moins qui, destinés à la reproduction, sont de véritables établissements piscicoles, car les simples viviers-dépôts, à moins toutefois qu'ils ne constituent frauduleusement des établissements de capture, ne peuvent, on le comprend, avoir aucune influence funeste sur la fertilité de la mer, et ils rendent à la consommation de réels services. — Mais quant aux viviers d'élevage, les uns ont affirmé que la captivité préservant de la destruction des myriades de petits poissons et soustrayant à la faim des espèces voraces un grand nombre de poissons adultes, ils favorisent puissamment la fécondité des eaux. Les autres, adversaires déclarés de la pisciculture maritime, ont fait remarquer, avec raison ce semble, qu'un dixième tout au plus du fretin enfermé dans les réservoirs arrive à un développement suffisant ; que le poisson de mer ne se reproduit pas en captivité ; que, d'ailleurs, les viviers ne diminuent en rien la faim des poissons voraces ni par conséquent les ravages que ceux-ci font dans les autres espèces pour la satisfaire ; qu'enfin ces établissements, pour la plupart, constituent par leur *boire* plus ou moins fréquent de véritables pêcheries, et qu'à tous ces titres ils enlèvent une notable partie de son aliment à la pêche permanente et réduisent l'œuvre locale de la reproduction.

Les parcs à huîtres ou à coquillages ont eu à essuyer les mêmes reproches. Les ennemis de l'aquiculture les ont accusés de stériliser quantité de sujets en les plaçant dans des conditions artificielles. Mais aujourd'hui, en face de son magnifique essor, nul ne saurait contester que l'ostréiculture soit un auxiliaire bien précieux de la production naturelle [2].

On le voit, l'appauvrissement de notre faune marine n'est que la conséquence des ravages des filets traînants et des pêcheries permanentes dans la région littorale [3]. Le pêcheur, avec l'avidité et l'insou-

[1] Voir pour la question des réservoirs le livre très intéressant de M. Rimbaud.
[2] Nous aurons l'occasion de revenir à l'ostréiculture.
[3] Cette vérité est développée par Duhamel dans sa *Dissertation sommaire sur ce qui peut occasionner la disette de poisson, principalement de mer. (Traité général des pêches*, tome 1ᵉʳ.)

ciance égoïste de l'individu qui se trouve en présence de la propriété
sociale, a gaspillé depuis des siècles, parce qu'il n'avait qu'à prendre.
Il a consommé avec une incroyable incurie son œuvre de ruine, sans
même songer qu'il préparait la misère des siens ; il a pillé sottement
d'incomparables trésors, et aujourd'hui, la mer épuisée refuse aux
sueurs de ses enfants le bien-être qui les attendait. Et, malheureusement, l'aisance des populations maritimes n'est pas ici seule en
cause. Ce qui est encore engagé, c'est l'alimentation des masses
privées de ressources précieuses; c'est l'intérêt des générations
futures qui ne trouveront peut-être plus rien dans ce patrimoine
dilapidé; c'est la grandeur même du pays : car, on le sait, sans
marine, il n'est pas de nation puissante. Or c'est la pêche côtière qui
forme le plus grand nombre de nos marins : l'anéantir en stérilisant
nos eaux littorales serait donc tarir la source la plus féconde de
l'inscription maritime, du recrutement de notre flotte [1].

C'était au Pouvoir, gardien du bien de tous contre les abus indi-
viduels, qu'incombait le soin de prendre les mesures propres à
éviter la compromission plus grave de tels intérêts. La prohibition
absolue des procédés de gaspillage semblait être le moyen le plus
radical et le plus simple de ramener l'abondance sur nos côtes [2].
Nous indiquerons plus loin les raisons pour lesquelles l'administration de la marine a cru devoir, tout en lui imposant des restrictions
sévères, tolérer l'emploi des filets traînants. Quant aux pêcheries,
nous verrons dans la suite de ce travail, dont leur curieuse histoire

---

[1] « Une bonne loi de pêche côtière, disait avec raison M. Marée (*Rapport sur le projet
de loi relatif à la pêche côtière*, décembre 1816), est certainement une bonne loi
d'inscription maritime. » Comme le déclarait M. Th. Ducos dans le rapport sur le
projet de loi relatif à la pêche de la morue (*Moniteur* du 19 mai 1851), « le but essentiel, le but unique de notre législation sur les pêches est d'élargir le cercle de notre
inscription maritime. » « De la pêche, observe M. Thomassy dans un ouvrage déjà cité
(*Missions et pêcheries*), dépendent la puissance navale, la suprématie des mers, préludes
infaillibles de la domination universelle. Aussi, dans le traité de 1783, après avoir par
le premier article fait reconnaître leur indépendance et par le second fixé les limites de
leur territoire, les Américains, — dont les grandes pêches ont fait la fortune et la
liberté — consacrent-ils le troisième article au règlement de la pêche des côtes, reconnaissant cette question assez grave pour la résoudre dans leur traité fondamental immédiatement après la reconnaissance de leur nationalité et de leurs frontières. »

[2] Le moyen le plus naturel et le plus efficace serait, sans contredit, de suspendre
totalement la liberté de pêcher pendant le temps du frai; mais c'est en même temps
celui qui se concilie le moins avec les intérêts de l'inscription maritime et les besoins
de la nombreuse classe des pêcheurs.

sera l'objet principal, comment, justement ému de l'état de notre pêche côtière, et couronnant par un effort décisif une lutte de près de trois siècles, le même département de la marine eut la gloire d'en réaliser enfin la suppression et d'assurer contre elles le triomphe du *principe domanial*, trop faible jusqu'alors pour dominer le *fait* de leur existence.

Mais il convient d'indiquer, dès à présent, pourquoi, moins heureuses que les filets traînants, les pêcheries n'ont pas trouvé grâce devant le législateur.

Consacrés à la défense et à la sûreté de nos côtes en même temps qu'aux besoins généraux de la navigation et du commerce, les rivages de la mer, on le sait, font, comme la mer elle-même, partie du domaine public, c'est-à-dire, rentrent dans cette catégorie de choses dont l'usage est commun à tous, mais dont la propriété n'est à personne, pas même à l'État[1]. L'État n'a sur eux que ce qu'on appelle le *domaine éminent de souveraineté*, c'est-à-dire un droit de haute police se résolvant dans l'obligation de les conserver pour l'utilité générale. Chacun peut librement y circuler et y faire tous actes qui n'emportent pas une appropriation exclusive plus ou moins complète, plus ou moins permanente, au préjudice du droit des autres citoyens. Chacun, spécialement, doit avoir une égale liberté de recueillir les richesses que la mer renferme, car ces richesses elles-mêmes, jusqu'à leur préhension par l'individu, sont communes à tous. Tout établissement à demeure sur le domaine maritime — sans qu'il soit besoin d'examiner s'il est ou non funeste à la conservation du poisson — constitue donc une usurpation de la propriété commune, un privilège au profit de ses détenteurs qui doit être réprimé dans un intérêt général. De tels établissements soustraient à l'exploitation publique une partie plus ou moins grande du patrimoine social; ils sont un obstacle à la liberté de la pêche maritime qui est un principe de notre droit, et privent notamment les riverains pauvres de la pêche à pied et de la cueillette du coquillage qu'ils pourraient pratiquer, pour pourvoir

[1] Remarquons que, contrairement à la théorie de l'article 538 du Code civil, les rivages de la mer ne sont pas publics par nature, mais seulement par convention, de sorte que le classement fait par cet article est discutable. Nous concevons très bien, quant à nous, que les rivages de la mer pourraient être, sur beaucoup de points, comme le demandent les parqueurs d'huîtres, déclassés sans grands inconvénients, et rendus aliénables et transmissibles à titre de propriétés privées, sauf à être grevés des servitudes exigées par l'intérêt public.

2

à leur subsistance, sur les portions de côté ainsi occupées[1]; ils entravent la circulation sur les grèves et sur les eaux; ils peuvent même, comme les madragues qui sont parfois calées à une demi-lieue de la côte et sur des fonds de 25 à 30 mètres, créer des embarras sérieux à la navigation[2]; ils sont capables, enfin, de compromettre, éventuellement, la défense des côtes et la réussite des opérations de sauvetage.

Il faut remarquer de plus que les établissements de pêche, alors même qu'ils sont situés sur des propriétés privées, donnent naissance à un privilège qui ne doit pas exister. En effet, par cela seul qu'ils recueillent le poisson de mer et le frai, et qu'ils le soustraient à l'exercice de la pêche libre pour le nourrir et le conserver dans des réservoirs alimentés par l'eau de mer, ils comportent une appropriation au profit de quelques-uns des choses de la mer qui doivent être à la disposition de tous et, par conséquent, portent une atteinte aux principes qui régissent le domaine public.

Il est vrai que les inscrits maritimes sont, en vertu de dispositions légales, dotés de privilèges considérables pour l'exploitation des richesses de notre littoral; mais ces privilèges, inconciliables en eux-mêmes avec la rigueur logique des principes, ne sont que des compensations légitimes aux charges spéciales qu'ils supportent dans l'intérêt supérieur du pays. Rien de semblable ne milite en faveur des possesseurs d'établissements de pêche : ce sont presque toujours de riches spéculateurs, étrangers à notre armée navale[3], cherchant à grossir par un monopole leur fortune privée, recueillant sans peine les bénéfices d'une situation à tous les désavantages de laquelle ils

[1] Cet inconvénient ne s'applique pas aux bouchots; car il n'y a pas d'autres coquillages que des moules sur les terrains vaseux où ils sont généralement établis; et ces moules s'y trouvent par les soins des détenteurs de ces établissements.

[2] Valin établit (titre V, titre III, art. 4) : 1° qu'il n'est point d'écluse à proprement parler qui ne soit nuisible à la navigation; 2° que les écluses attaquent tout autrement la liberté de la pêche que les bouchots. Il remarque en même temps que les bouchots sont plus préjudiciables au frai du poisson que les écluses, parce que la difficulté d'y aller paralyse la surveillance.

[3] Les pêcheurs à pied n'ont jamais été assujettis à l'inscription maritime; avant la loi du 27 juillet 1872 cela résultait d'une simple tolérance, car l'ordonnance du 31 octobre 1784 les y soumettait et les dispositions de cette ordonnance, non explicitement abrogées par la loi du 3 brumaire an IV, avaient été maintenues par l'arrêté du 21 ventôse an IV. Mais la loi de 1872, en ne laissant (art. 21) en dehors du recrutement ordinaire que les inscrits qualifiés tels par la loi de brumaire, a définitivement abrogé cette disposition.

échappent, appauvrissant enfin par une concurrence désastreuse cette humble classe des pêcheurs à la prospérité de laquelle est liée cependant la puissance maritime de la France. ⸺

On comprend, dès lors, que le Pouvoir ait frappé des privilégiés si peu dignes d'intérêt, protégé la pêche en bateau contre la concurrence, le monopole et les méthodes abusives de la pêche sédentaire, et assuré l'entière publicité du domaine public maritime. Il a proclamé, d'une manière générale, la prohibition absolue des établissements de pêche, quels qu'ils soient, tout en se réservant la faculté d'autoriser isolément, par une dérogation au principe de l'inaliénabilité du domaine public, ceux d'entre eux dont l'innocuité serait reconnue, ou qui même présenteraient, comme les bouchots à moules et les parcs à huîtres, de précieux avantages.

C'est de la législation de ces établissements que nous allons essayer de retracer l'histoire.

Une telle étude, pour être complète, exigerait la connaissance approfondie jusque dans les détails, des transformations sans nombre qu'ont subies, des empereurs romains à l'époque actuelle, au point de vue particulier de la question qui nous occupe, le droit domanial, les institutions, les mœurs et les usages de la vie privée, la législation, le régime économique et administratif. Tel n'est point, on le pense bien, le cadre que nous avons pu nous tracer. Bien loin de prétendre à la vaste érudition que réclamerait un sujet aussi complexe, nous n'avons voulu nous en occuper actuellement que dans la mesure de nos forces, et ce n'est qu'en priant le lecteur de ne voir en ce travail qu'une simple ébauche que nous pouvons nous permettre de le lui présenter.

II.

Chez les Romains.

Ce n'est pas simplement pour nous conformer à un usage qui tient parfois de la routine que nous évoquerons, au début de cet historique, le souvenir de l'ancienne Rome. Les établissements de pêche y furent, comme en France, l'occasion d'une lutte entre les faits et les principes. Ces derniers succombèrent. Or, la condition anormale qui en résulta pour le domaine maritime se continua chez nous, par suite

de l'adoption des traditions romaines aux temps barbares et au
moyen âge, en s'aggravant même sous l'empire de circonstances
singulièrement propices aux abus; et cela, jusqu'au temps où les
principes, s'étant fait jour peu à peu, purent soutenir de nouveau la
lutte qui, plus vivement engagée, aboutit cette fois enfin à la reconnaissance de leurs droits. Ainsi, la situation irrégulière du domaine
maritime qui, longtemps rebelle à la persévérance du Pouvoir, n'a
été définitivement dénouée qu'en 1852, avait son origine dans celle
qui avait été créée à ce domaine sous la domination romaine, et que
Léon le Philosophe, au IXᵉ siècle, avait consacrée par des dispositions législatives dont nous parlerons.

　Nous ne reconstituerons pas, à l'aide des renseignements, très rares
d'ailleurs et très épars, que nous ont légués les écrivains et les jurisconsultes latins, l'histoire des établissements de pêche dont les
Romains firent usage. Rechercher ce que purent être, à leur époque,
les bordigues, les madragues, les pêcheries à poissons, les viviers,
les parcs à huîtres, serait dépasser le but que nous nous proposons ;
il nous suffira, après avoir indiqué l'origine et le progrès des pêcheries à Rome, d'exposer, succinctement et de notre mieux, quel fut, au
point de vue du droit, le caractère de leur établissement.

　Les Romains, on ne l'ignore pas, furent les plus grands mangeurs
de l'antiquité. Les mœurs austères qui leur avaient donné l'empire
du monde s'étaient perdues dans l'ivresse du triomphe. Un jour vint
où les fils de ceux dont le cœur n'avait battu que pour la patrie
n'eurent plus d'autre souci que la satisfaction de leurs appétits les
plus vils : la conquête avait engendré la soif de toutes les jouis-
sances. La société romaine s'y plongea tout entière avec frénésie ; le
peuple-roi qui avait dompté tous les peuples devint l'esclave et la
victime de leurs vices : ce fut la revanche des vaincus. Au sein de
cette corruption, le luxe de la table semble avoir atteint l'apogée de
la dépravation et de la folie. Le poisson — et c'est par là que tout
ceci se rapporte à notre sujet — le poisson fut l'objet préféré de la
gourmandise des riches : on vit les grands de Rome lui sacrifier leur
repos, leur fortune, leur honneur et jusqu'au nom de leurs glorieux
ancêtres; on vit les flottes de l'Empire courir les mers à la recherche
d'un mets si exquis; on vit les sénateurs sacrilèges prostituer la
Curie par cette délibération culinaire que la plume frémissante de
Juvénal a livrée à l'indignation de la postérité. Effroyable avilisse-

mert de la dignité humaine qui confond la raison et l'humilie par
son impuissance à prévenir de tels abaissements.

Les réservoirs somptueux dans lesquels les patriciens élevaient les
poissons qui devaient servir à leurs orgies sont aujourd'hui célèbres,
grâce aux descriptions que nous en ont laissées Varron et Columelle.
Déjà, à une époque fort reculée, raconte ce dernier auteur [1], les
descendants de Romulus et de Numa ayant fort à cœur, tout rus-
tiques qu'ils étaient, de se procurer dans leurs métairies une abondance pareille à celle qui règne dans les villes, peuplaient les viviers
par eux construits, ou même les lacs formés par la nature, de poissons de mer qu'ils y jetaient. Ils avaient fini par avoir ainsi en
abondance non seulement des bars et des dorades, mais encore
toutes les sortes de poissons susceptibles de s'acclimater dans l'eau
douce.

Licinius *Murœna* est le premier qui fait construire des viviers au
bord de la mer pour les alimenter avec de l'eau salée. Aussitôt les
riches patriciens suivent cet exemple : entre tous se distinguent
Lucius Philippus et Quintus Hortensius, les *poissonniers*, comme les
appelle Cicéron au dire de Macrobe [2]. Les piscines d'eau douce,
(*piscinæ plebeiæ*) sont bientôt dédaignées : elles coûtent trop peu et
rapportent un trop gros revenu pour être un objet digne de la magni-
ficence et de la vanité des grands [3]. Les *piscinæ amaræ* sont désormais seules compatibles avec le rang que doit tenir l'aristocratie
romaine. Tout patricien qui se respecte compte parmi les dépendances de ses villas, dont la mer vient baigner les murs, plusieurs
viviers monumentaux où il conserve, à grands frais, dans des compartiments séparés, des turbots, des soles, des dorades, des sciènes
et toutes sortes de coquillages. Il a ainsi à sa disposition, en tous
les temps et sans que les vents puissent s'y opposer [4], tout ce qui
est nécessaire à sa table. Le goût des viviers devient une contagion
qui gagne, qui le croirait ? les diverses classes des habitants de
Rome, et à laquelle n'échappent pas les cerveaux les mieux équili-
brés. Chacun rivalise d'extravagance ; rien ne coûte pour satisfaire

[1] Columelle, *De re rustica*, VIII, 16.
[2] Delamare, *Traité de la police*, Paris, 1722, tome III, livre V, titre XXIII.
[3] Delamare, *ibidem*.
[4] La côte d'Italie est ouverte aux vents du Midi qui soufflent parfois avec une violence
extrême et y rendent souvent la pêche impraticable.

une passion aussi insensée. L. Lucullus, que Pompée appelait le *Xerxès en toge*, fait couper une montagne aux environs de Naples pour introduire la mer jusqu'au milieu de ses jardins. Il fait mieux. Il creuse dans ses bassins des cavernes où, pendant l'été, ses poissons trouveront une fraîcheur délicieuse qui contribuera à leur donner plus de délicatesse [1]. Caïus Hirrius imagine les viviers à murènes et y engraisse ces poissons qu'il se ruine à faire venir de tous les points de la Méditerranée [2]. Védius Pollion les perfectionne; et l'histoire, en conservant le nom de ce monstre [3], marque d'une tache indélébile le front de l'humanité.

Bientôt cependant, on se dégoûte de la murène, on se dégoûte du mulle lui-même [4], le poisson le plus estimé par les gourmets du temps. Il faut à d's palais blasés des saveurs plus rares. Des flottes naviguent alors dans les mers lointaines à la poursuite d'espèces moins répandues, et ce sont les produits des côtes de Syrie, d'Égypte, de Rhodes et de Crète que l'on dépose désormais dans les réservoirs. C'est bien le cas de citer la phrase énergique de Sénèque : « *Pro-funda et insatiabilis gula* hinc maria scrutatur, hinc terras, alia hamis, alia laqueis, alia retium variis generibus cum magno labore persequitur; *nullis animalibus, nisi ex fastidio, pax est* ». Tout passe l'imagination. Le frère d'Othon fait servir à cet empereur un souper où il réunit 2,000 plats de poissons rares, ce qui suppose qu'il a mis

[1] **Varron**, *De re rustica*, III, 3.
[2] **Pline**, *Histoire naturelle*, IX, 55.
[3] Il ne se contentait pas, au dire de Tertullien (*De Pallio*, 1), de donner ses esclaves vivants en pâture à ses murènes. Il avait de plus la sauvagerie, quelques heures après ce supplice, d'en faire tuer quelqu'une, et de la faire servir sur sa table pour avoir le plaisir, disait-il, de manger quelque partie du corps du malheureux, victime de sa colère.
[4] On se prit de tendresse pour ces poissons, quand on fut rassasié d'en manger, et la mode fut de les apprivoiser. Cicéron, dans une de ses lettres à Atticus (*Epist. ad Atticum*, II, 1), observe avec indignation que les grands de Rome mettent tout leur bonheur et toute leur gloire à posséder des mulles assez privés pour se laisser toucher. Pline nous parle de ceux qui vivaient dans les bassins de l'empereur Trajan et qui étaient dressés à se rendre à la voix de leur maître (*Hist. naturelle*, X, 70). Mais les murènes surtout bénéficièrent d'une mode si étrange : la fille de Drusus orna les siennes avec des anneaux d'or; l'orateur Hortensius pleura la mort de celle qu'il avait nourrie de sa main; Crassus se montra plus désolé de la perte de l'une de ses murènes que de celle de ses trois enfants.
Pour nourrir et engraisser toute la population aquatique de leurs viviers, les patriciens entretenaient un grand nombre de pêcheurs uniquement occupés à pêcher du fretin. Lorsque les tempêtes ne permettaient point de pêcher, on jetait dans les viviers de petits poissons marinés.

à contribution pour ce jour de fête les mers, les lacs et les fleuves d'une grande partie de l'Empire romain [1]. Héliogabale seul est à la hauteur d'une telle stupidité : on sait quels caprices naquirent dans ce cerveau, malade à n'en pas douter, et comment ce triste monarque se fit servir des plats extraordinaires de laitances et de cervelles d'animaux marins.

Mais quittons ce spectacle affligeant d'une sensualité effrénée. En vain multiplia-t-on les lois somptuaires dès la fin de la République. En vain les esprits raisonnables s'élevèrent-ils avec force contre cette prédilection aveugle et désordonnée pour la consommation du poisson : le bon sens, non plus que la loi, ne purent rien contre la folie, et les annales de la bonne chère ont perpétué jusqu'à nous la célébrité scandaleuse des Milon, des Pollion et des Apicius [2].

Deux choses résultèrent de ce gaspillage de la production maritime : la ruine des eaux italiennes, et celle des riches qui les faisaient dévaster.

« Notre littoral est épuisé, s'écriait Juvénal [3]; un nouveau fléau, la gourmandise, a sévi; les filets de nos pêcheurs infatigables ont fouillé les mers voisines; un poisson ne peut plus grossir dans le golfe Tyrrhénien. Ce sont les provinces qui approvisionnent nos cuisines.... » Et cela prouve une fois de plus que la mer n'est pas inépuisable. Aucune mesure ne semble d'ailleurs avoir été prise pour assurer la reproduction et le libre développement du poisson, ce dont on peut à bon droit s'étonner quand on connaît l'engouement extraordinaire dont il a été l'objet dans l'ancienne Italie. Mais il faut remarquer que la pêche n'eut jamais à Rome qu'une importance très secondaire pour l'État, et que, comme l'a observé Noël, « plus soldats que marins, les Romains n'en firent jamais une branche d'industrie politique. » Les équipages de leurs galères étaient du reste composés plutôt de rameurs que de marins proprement dits.

[1] Noël de la Morinière, *Hist. gén. des pêches anciennes et modernes*, Paris, 1815. Noël, inspecteur de la navigation, mourut dans un voyage d'exploration, laissant inachevé son savant ouvrage qui devait compter cinq tomes. Il n'a été publié que le premier comprenant l'histoire des pêches dans l'antiquité et au moyen âge jusqu'au XVe siècle.
[2] Ce dernier gastronome avait inventé une méthode, dont la connaissance n'est pas parvenue jusqu'à nous, pour engraisser et conserver les huîtres. Il en envoya d'Italie en Perse à l'empereur Trajan qui avaient encore toute leur fraîcheur en y arrivant.
[3] Satire V, *Et jam defecit nostrum mare*, etc.

Sans doute ces derniers n'en étaient pas moins recherchés parce
qu'ils étaient plus familiarisés avec l'élément sur lequel il fallait
combattre; mais, quoique le besoin d'augmenter le nombre des
hommes de mer pendant les guerres puniques lui ait valu quelques
encouragements, la pêche n'a jamais été, à Rome, ce qu'elle est chez
nous, la source nécessaire du recrutement de l'armée navale [1].

La ruine de plusieurs familles patriciennes ne fut pas moins complète que le dépeuplement du littoral de la péninsule Italique. Les
viviers maritimes étaient de véritables monuments dont la création
entraînait, paraît-il, autant de travaux que l'établissement d'un port
de guerre : ils coûtaient des sommes immenses à construire, presque
autant à remplir et à peupler, beaucoup à entretenir. Les chiffres
rapportés par les auteurs latins aident à se faire une idée des capi-
taux qui furent engloutis dans ces constructions : pour n'en citer
qu'un seul, disons que les réservoirs de Lucullus furent vendus
après sa mort 4 millions de sesterces, soit environ 800,000 francs de
notre monnaie [2]. L'achat même du poisson n'occasionnait pas de
moins folles prodigalités : le mulle-rouget surtout se payait au poids
de l'or quand il était d'une taille au-dessus de l'ordinaire [3]. La rail-
lerie publique flagella ces excès. Les poissons qui dévoraient le
patrimoine des familles furent appelés *anthropophages*; et Varron et
Columelle nous expliquent qu'on qualifiait les piscines maritimes
d'*amères*, non seulement à cause de la nature de leurs eaux, mais
encore par allusion aux chagrins qu'elles causaient à ceux qui en
avaient fait la dépense. Varron fait, de plus, cette remarque, qu'une
entreprise de viviers, même conduite à sa fin et à sa perfection, était
encore en cet état plus capable de vider la bourse de son maître
que de la remplir [4]. Tous les pisciculteurs de ce temps ne se ruinèrent pas, néanmoins; quelques-uns même firent fortune, comme
Sergius Orata, dont nous dirons quelques mots, tant parce que son

---

[1] Cela n'empêcha pas, d'ailleurs, la profession de la pêche d'acquérir tant de considération en ce temps de luxe, que le gouvernement institua, pour la corporation des
pêcheurs, une fête appelée *Ludi piscatorii*, qui se célébrait en grande pompe le 3 des
nones de juin. (Festus Pompeius, XIV; Schæffer, *De Militia navali veterum*, 1654, 45.)

[2] La valeur du sesterce, à cette époque, était d'environ 20 centimes de notre monnaie.

[3] Au rapport de Sénèque (*Epist.* 95), Tibère mit à l'encan, entre Apicius et Octavius,
un mulle du poids de quatre livres, et le vendit 5,000 sesterces au second de ces gourmands fameux; Asinius Celer en paya un 8,000 sesterces; et, suivant Sénèque, trois de
ces poissons atteignirent le prix exorbitant de 30,000 sesterces.

[4] « Plus marsupium domini exinanirunt quam implent. » (*De re rust.*, III, 3.)

nom est fréquemment mentionné dans les écrivains latins, qu'en raison du caractère particulier des établissements de pêche dont il envahit les rivages de la mer.

Sergius Orata[1] a été, à son époque, un de ces habiles spéculateurs qui ne jouissent pas de l'estime de tous. Cicéron le nomme quelque part[2] le maître des gourmands et des prodigues, *luxuriorum magister*; Pline lui reproche d'avoir cherché à satisfaire son avarice plus encore que sa gourmandise[3]; les autres auteurs n'en parlent pas avec plus d'avantage. Ce fastueux chevalier romain avait, l'un des premiers, marché sur les traces de Licinius Muræna, et consacré des sommes fabuleuses à la construction des réservoirs d'eau salée. Mais sa sollicitude se porta bientôt vers un genre spécial d'aquiculture. Il aimait les huîtres encore plus que le poisson. Trouvant que celles du lac de Pouzzoles avaient une saveur plus délicate que toutes les autres, il fit construire une piscine près de Baïes, tout exprès pour en nourrir et en conserver. Ce fut le premier parc de l'ostréiculture romaine. Cette innovation eut un grand succès : les huîtres engraissèrent merveilleusement dans ce réservoir, et elles devinrent si succulentes, que leur réputation ne connut bientôt pas de rivale. Rien ne valait les huîtres de Sergius! Sergius, en homme pratique, profita, comme bien on pense, de cet engouement. De consommateur, il se fit industriel. Il imagina de faire venir les huîtres de Brindes et de les parquer dans le lac Lucrin, qui communiquait alors avec la mer. Très rapidement il étendit son exploitation, perfectionna ses procédés, et les produits de ses parcs (*vivaria ostrearum*) devinrent l'objet d'un commerce très important, où il acquit une fort grosse fortune et beaucoup de célébrité[4]. Il faut dire, d'ailleurs, que, comme tous les riches de cette époque, il n'eut jamais aucun scrupule

---

[1] Au lieu de *Orata*, Cicéron, au Livre de l'Orateur, l'appelle *Aurata*, et ce nom lui fut donné, d'après Varron, à cause de son goût dominant pour le poisson nommé *aurata* ou dorade. Cependant, Festus, sans rejeter positivement cette étymologie, entreprend d'établir qu'il fut bien surnommé *Orata*, ce qu'il justifie en ces termes : « *Orata genus piscis appellatur a colore auri, quod rustici orum dicebant : et auriculas, oriculas. Itaque Sergium quemdam prædivitem quod et duobus annulis aureis et grandibus uteretur, Oratam dicunt esse appellatum.* »

[2] *De finibus*, II.

[3] *Hist. nat.*, IX, 54.

[4] On disait de lui, par allusion aux bains suspendus dont il fut aussi l'inventeur, et lors du procès que nous mentionnons plus bas, que *si on l'empêchait d'élever des huîtres dans les eaux, il saurait bien en faire pousser sur les toits.*

d'accaparer le fonds comme les fruits du domaine public, de les monopoliser à son profit et au profit des classes opulentes[1]. Il trouvait
très naturel et très commode de s'attribuer la propriété ou la jouissance exclusive des grèves, des lacs salés et des bancs d'huîtres,
sans se soucier de la misère dans laquelle il plongeait la population
maritime en lui ravissant ce qui la faisait vivre. Ses empiétements
sur les rivages de la mer et les autres dépendances du domaine
atteignirent un tel degré de sans-gêne que, dans ce temps où la manie
générale des viviers assurait, par une sorte d'usage et de tolérance,
l'impunité aux usurpateurs de la propriété commune, un procès fut
intenté à ce puissant personnage, pour le déposséder des biens
publics dont il s'était indûment emparé[2].

Le goût des festins splendides se maintint dans toute sa force
pendant tout l'Empire, alors même que le siège du gouvernement
eut été transporté à Constantinople. Le christianisme n'empêcha
point les folies de la bouche, et on en peut lire, dans le tableau des
mœurs et des usages sous le règne de Théodose tracé par Muller,
une description très piquante dont les Pères de l'Église, principalement saint Jean Chrysostome et saint Grégoire de Naziance, lui ont
fourni les principaux traits[3]. Les viviers et les parcs à huîtres se
multiplièrent sur tous les rivages propices. Si donc nous n'avons
parlé que de ceux qui existèrent au temps de César et d'Auguste, c'est
parce que les auteurs latins ne nous entretiennent guère que de ceux-là,
et non point parce que ces établissements n'existaient plus vers la
fin de l'Empire. A cette époque, ils furent au contraire plus répandus
qu'à toute autre ; mais, précisément pour cette raison, et aussi parce
qu'ils n'étaient plus l'occasion d'aussi folles excentricités, leur vue
ne frappait pas l'imagination des contemporains.

Outre ces établissements d'élevage, fondait-on, sur les divers
rivages de l'Empire, des établissements de capture analogues à nos
bouchots, nos écluses, nos bordigues et nos madragues ? Nous pou-

---

[1] L'ostréiculture des Romains, leur culture des lacs et des étangs, leurs piscines
domestiques ne profitaient aucunement à l'alimentation des masses. Leur pisciculture
fut toujours une mode, une fantaisie du luxe, et n'eut jamais les tendances humani-
taires de la pisciculture actuelle.

[2] L'industrie créée par Sergius Orata s'est perpétuée jusqu'à nos jours dans le lac
Fusaro, voisin du lac Lucrin. Voir à ce sujet Coste, *Voyage d'exploration. — Industrie
du lac Fusaro.*

[3] Noël, *Hist. gén. des pêches.*

vous, pour ces dernières du moins, répondre d'une manière formelle. Il est certain que l'industrie des madragues importée de la Grèce [1] fut florissante sous les Romains. Oppien ne nous laisse guère que deviner l'emploi de ce mode de pêche dans un passage assez obscur [2]; mais nous savons par les autres écrivains que les madragues étaient fort usitées pour la capture du thon. Elles étaient placées à demeure vers les bouches du Bosphore, le long des côtes de l'Italie, de la Sicile et de la Sardaigne, dans la mer Ligurienne et dans le golfe de Naples, près des détroits de Messine et de Bonifacio, à l'entrée de l'Adriatique, et enfin dans toutes les stations poissonneuses de la côte d'Espagne et de la Gaule Narbonnaise. En Espagne, *Cetobriga*, ville de la Lusitanie, fondée par les Phéniciens sur les bords du golfe que l'Anas, aujourd'hui la Guadiana, formait à son embouchure, était célèbre par ses pêcheries de thons qui donnaient lieu à un commerce fort considérable. Beaucoup d'autres cités de la péninsule devaient en partie leur prospérité à ce genre d'industrie, comme Gadès (Cadix) et Abdera. En Italie et en Sicile, Tarente, Syracuse, Cefala, Panorme, Messine, Cosa n'étaient pas moins florissantes. L'île d'Elbe possédait de nombreuses madragues dont Strabon faisait déjà mention au premier siècle de notre ère, et beaucoup de ces appareils étaient calés sur la côte qui lui est opposée depuis le Port d'Hercule, aujourd'hui Porto-Ercole, jusqu'à l'embouchure de l'Ombrone. Sur beaucoup de points, en un mot, on pratiquait la pêche du thon au moyen des madragues, et ce genre d'industrie avait acquis une très grande importance.

Mais, en ce qui regarde les autres sortes de pêcheries, nous sommes moins bien renseignés. Nous savons que les Romains employèrent des barrages pour faciliter, comme nos bordigues, la pêche dans les étangs en communication avec la mer; mais nous ne connaissons pas les artifices qu'ils mirent en œuvre pour s'emparer ainsi du poisson. Comme l'observe Noël dans le *Discours préliminaire* de son ouvrage, à l'exception de Columelle, de Pline et de quelques autres

[1] *Madrague* vient vraisemblablement du grec μάνδρα, parc ou bergerie. — Voir sur l'origine des madragues : Guys, *Voyage littéraire de la Grèce*, 1783, tome Ier, lettre 25; Sabin-Berthelot, *Études sur les pêches maritimes*.
[2] « Sur la cime d'une montagne est assis celui qui veille à la pêche; aussitôt qu'il voit venir les thons, il appelle ses compagnons; tous les filets sont tendus et forment des appartements dans la mer; car on y voit un vestibule, des chambres, des portes et un corps de logis enfoncé. » (*Halieutiques*, III.)

écrivains qui nous donnent quelques indices précieux, les Latins, entraînés par le luxe de leur siècle, s'attachent bien moins dans leurs écrits à traiter de l'économie des pêches qu'à indiquer les meilleures espèces de poissons réclamées pour les délices de la table par l'ostentation ou la richesse : leur lecture n'est donc pas très instructive au point de vue du sujet qui nous occupe. D'autre part, la numismatique, qui a servi fréquemment à expliquer un grand nombre de faits se rattachant aux diverses pêches pratiquées, notamment, dans la Méditerranée, nous fournit bien quelques indications sur les viviers et les parcs à huîtres, mais elle reste muette au sujet des établissements de capture. Il ressort toutefois des écrits d'Élien et d'Oppien que les Romains, comme les Grecs, avaient deux sortes de pêches : l'une mobile, s'exerçant avec les lignes, et les filets manœuvrés à bras d'homme ou traînés par des barques ; l'autre sédentaire, faite avec des instruments fixes établis sur le rivage d'une façon plus ou moins permanente, tels que les madragues, les barrages ou bordigues, les nasses, les filets déployés en étente sur des palis. On ne saurait dès lors mettre en doute l'existence, sur les grèves de l'Empire romain, d'établissements analogues à nos parcs de pierres ou de bois, si l'on remarque surtout qu'un peuple qui connaissait et employait un engin aussi compliqué que la madrague, devait nécessairement ne pas ignorer l'usage de ces enceintes ingénieuses, mais simples, dont l'idée naît spontanément dans l'esprit de tout habitant des bords de la mer. Quoique nous ne soyons nullement fixés sur le caractère exact de leur installation et de leur exploitation, il est donc évident qu'au nombre des *prædia maritima* plusieurs fois mentionnés dans les auteurs et des *remoræ piscatoriæ* réglementées au IXe siècle par l'empereur Léon, figuraient beaucoup de pêcheries émergentes. Elles apportaient, sans nul doute, un fort contingent au produit de la pêche : chose d'autant plus nécessaire que la consommation du poisson tint toujours, à cette époque, une place très importante dans l'alimentation publique, après surtout que la loi *Licinia* eut prescrit de ne manger en certains jours du mois que du poisson salé et de la viande sèche, et que, plus tard, le christianisme eut soumis les fidèles à des lois très sévères d'abstinence.

Aussi bien, peu nous importe en ce moment la nature différente des établissements de pêche ; car ce n'est pas au point de vue tech-

nique, mais au point de vue domanial que nous nous en occupons,
et, en Droit romain, une seule et même législation leur fut appliquée
sans distinction de genres. Il suffisait donc d'en constater l'existence
sur le domaine public maritime. Nous l'avons fait, un peu longue-
ment peut-être : il est temps qu'après avoir recherché le *fait*, nous
essayions de déterminer quel était le *droit*.

Les jurisconsultes romains distinguaient, on le sait, les choses
communes des choses *publiques*. Les premières étaient celles qui,
comme l'air, sont affectées *par leur nature* à l'usage de l'universalité
des hommes. Les autres étaient celles, comme les routes, dont
l'usage, *n'étant public que par convention*, était, en droit, attribué
aux habitants seulement, et pouvait être, à la rigueur, refusé aux
étrangers.

Au nombre des choses communes les jurisconsultes rangeaient, à
bon droit, la mer : « *Et quidem naturali jure communia sunt omnium
hæc : aer, aqua profluens et mare* [1] ». Mais ils n'avaient pas le soin
de réserver, pour la classer dans les *res publicæ*, la partie de mer
susceptible d'être interdite aux étrangers que nous appelons la *mer
territoriale*. Quant aux rivages, ils n'étaient pas d'accord sur leur
véritable nature. Quelques-uns, les considérant comme des *res
nullius* [2], admettaient à leur égard toute la théorie de la première
occupation. Ils adoptaient cette étrange doctrine pour expliquer le
droit de propriété qu'avait tout individu sur les constructions par
lui faites sur le rivage ou dans la mer, sur pilotis, avec autorisation
de l'Empereur. Mais c'est précisément ce qui aurait dû la faire
écarter ; car il était manifeste que, pour s'approprier une chose
nullius, aucune autorisation n'était nécessaire. Justinien, lui, rangeait
les rivages parmi les choses communes ; mais c'était encore une
erreur évidente d'après la définition même des choses communes. On
ne pouvait rationnellement classer les rivages que dans les choses
publiques, comme l'ont fait Celse et Javolenus. Le premier a consacré ce classement par une formule très exacte : « *Littora, in quæ
populus romanus imperium habet, populi romani esse arbitror* [3]. »

[1] *Instit.* 2, 1, § 1.
[2] Ainsi Nératius les compare aux poissons et aux bêtes sauvages (*Dig.*, 41, 1, 14) ;
Pomponius dit, en parlant d'eux : « *Id quod nullius sit, occupantis fit* » (*Dig.*, 41,
30, 4).
[3] *Dig.*, 43, 8, 3.

D'ailleurs, en dehors de ce qui touche le droit international, il n'y avait aucun intérêt pratique à savoir si les rivages étaient des *res publicæ* ou des *res communes*. Ces deux catégories de choses ne différaient entre elles que par leur degré de publicité et l'étendue de la collectivité qui avait le droit d'en jouir. Également insusceptibles, les unes par nature, les autres par convention [1], d'appropriation privée, elles étaient également soumises au principe d'inaliénabilité et à la législation générale qu'il contient en germe. Disons donc simplement, sans plus nous préoccuper d'une distinction toute scolastique, que les rivages de la mer et la mer territoriale faisaient partie du domaine public national (*res publicæ* [2]) et examinons les conséquences de ce caractère.

À Rome, le principe de l'inaliénabilité du domaine public a toujours été inébranlable, et la jurisprudence l'a souvent consacré. « Si scias alienationem non esse, dit Pomponius [3], ut sacra et religiosa loca, aut quorum commercium non sit, *ut publica*, quæ non in pecunia populi (Domaine de l'État), sed in publico usu (Domaine public) habeantur, ut est Campus Martius. » Les choses du domaine public, grâce à une extension naturelle de ce principe, ne pouvaient pas non plus être acquises par usucapion ou par prescription : « Usucapio-

---

[1] « *Bien qu'ils réellement ils soient susceptibles de propriété privée par leur nature,* une disposition d'ordre public et d'utilité générale, pour assurer d'autant mieux le service de la navigation et la sûreté de nos côtes, soustrait les rivages de la mer à la propriété privée ; la disposition en est réservée à la nation, à titre de souveraineté. » (Gab. Dufour, *Traité de droit administratif*, 1853, tome IV, n° 231.)

[2] Bien qu'on ne trouve même pas réunies en une seule classe dans le Droit romain toutes les choses qui composent le *domaine public*, elles sont cependant, dans les divisions faites par les jurisconsultes, toujours soigneusement distinguées des choses susceptibles de propriété privée, dont l'ensemble forme le *domaine de propriété* ou *domaine privé*, comprenant ce que nous appelons le domaine de l'État (*res in patrimonio populi, bona publica, res in patrimonio fisci, res in pecunia populi*), le domaine communal (*res in patrimonio universitatis*), et le domaine privé proprement dit (*res singulorum*).

Le domaine de l'État, formé de choses *in commercio*, terres conquises, prisonniers, successions vacantes, confiscations, fut démembré à la fin de la République : Sylla, César, Antoine, Octave le mirent à la merci de leurs légions victorieuses, et ses débris se confondirent bientôt dans le domaine des empereurs. Cette confusion se consomma sous Tibère qui substitua l'autorité réelle du prince aux restes de la souveraineté populaire. Le domaine impérial était généralement considéré comme inaliénable, à l'instar du domaine public. « *Res fisci nostri usucapi non potest* », disaient notamment les *Institutes* (2, 6, § 9). Cependant, ce principe n'était pas universellement adopté par les jurisconsultes.

[3] *Dig.*, 18, 1, 6.

nem recipiunt, dit Gaius [1], except's rebus sacris, sanctis, *publicis*, populi romani et civitatum »; et ailleurs [2], « Præscriptio longæ possessionis ad obtinenda loca juris gentium *publica* concedi non solet. »

Ainsi, par aucun mode, on ne pouvait acquérir la propriété d'une portion quelconque de la mer [3] ou de ses rivages. Mais, ces choses étant publiques, chacun avait le droit d'en user comme il l'entendait, à condition de ne rien faire de contraire aux intérêts de la navigation ou au droit d'autrui, ce que le préteur était chargé d'assurer. Chacun avait donc le droit d'y pêcher, d'y sécher ses filets, de s'y promener, d'y amarrer un bateau, d'y établir des cabanes [4], mais sans pouvoir jamais monopoliser à son profit l'occupation ou l'exploitation d'une partie de mer ou de rivage. On aurait dû de même pouvoir, sous la condition indiquée, y élever librement des constructions dans un but de pêche ou dans tout autre; mais ces établissements étant particulièrement susceptibles, en raison de leur permanence, de léser l'intérêt de la Communauté, les nécessités de l'ordre public et de la navigation firent ici fléchir les principes, et on subordonna l'exercice du droit de bâtir dans la mer ou sur ses rivages à l'autorisation préalable du magistrat chargé de constater son innocuité. Cette autorisation, accordée dans le cas seulement où il n'en résultait aucun inconvénient pour le public, assurait au concessionnaire la protection du préteur contre les entreprises des particuliers. Mais elle ne lui conférait, et elle ne pouvait lui conférer aucun droit incommutable sur le domaine public, et si les constructions, pêcheries ou autres, appartenaient à celui qui les avait faites, le lieu sur lequel elles étaient établies redevenait néanmoins public aussitôt que la destruction en était accomplie, soit par ordre du préteur revenant sur son autorisation [5], soit par toute autre cause,

---

[1] *Dig.*, 41, 3, 9.

[2] *Dig.*, 45.

[3] En pénétrant dans les terres et en couvrant de ses flots l'héritage d'un particulier, la mer le faisait passer par cela seul dans le domaine public : « *Quod mari occupatum sit, fieri publicum.* » (*Dig.*, 1, 8, 10).

[4] *Dig.*, 1, 5. — « *Nemo ad littus maris accedere prohibetur piscandi causa.* » (*Dig.*, 1. 4. De Rer. Div.*). — « *Si quem ante ædes meas vel ante prætorium meum piscare prohibeam, quid dicendum est? Me injuriarum judicio teneri an non? Et quidem mare commune omnium et littora sicut aer, et est sæpissime rescriptum non posse quem piscari prohiberi.* » (*Dig.*, 1. 17. De Injuriis*). On le voit, la liberté de la pêche maritime était un principe du Droit romain.

[5] L'autorisation était, comme aujourd'hui, révocable sans indemnité : ce qui prouve

« *perindeque publicus sit ac si nunquam in eo ædificatum fuisset* [1] ».

Au cas où les constructions avaient été faites sans autorisation préalable, toute personne, même non intéressée[2], pouvait agir contre l'usurpateur de la propriété publique par une *actio injuriarum*; toute personne lésée était en outre armée d'interdits et pouvait au besoin employer la force pour s'opposer à ces empiètements. Si les particuliers n'agissaient pas, le magistrat, usant de son pouvoir discrétionnaire, pouvait ou imposer aux contrevenants la démolition de tout ouvrage reconnu contraire à l'usage public, ou les soumettre au payement de dommages-intérêts ou d'une redevance annuelle[3].

Telle était la loi. Mais la loi fut bientôt abrogée par l'usage[4]. Peu à peu, en effet, les riverains s'habituèrent à faire de l'autorisation du préteur une concession irrévocable du fonds. Bientôt même, se considérant comme propriétaires des grèves bordant leur héritage, ils en vinrent à ne plus demander cette autorisation et à construire, sans plus de scrupules, des pêcheries et des viviers sur le rivage contigu à leur propriété. Quelques procès furent bien d'abord intentés à ceux de ces usurpateurs qui, comme autrefois Sergius Orata, montraient le plus d'audace; mais l'autorité ne tarda pas à fermer les yeux sur les empiètements commis sur le domaine maritime, et même à encourager, par une tolérance complaisante, l'abus qui permettait à l'Empereur, plus soigneux de son intérêt particulier que du bien général, d'augmenter les revenus de son fisc en percevant un tribut spécial sur les pêcheries qui portaient alors le nom de *remoriæ piscatoriæ*.

Ainsi, par cet abandon successif des principes, l'abus devint l'usage, et l'usage une fois établi passa, comme le dit Valin[5], en

que, comme nous le verrons, elle ne *concédait pas*, mais *constatait* le droit en lui donnant une sorte de force exécutoire.

[1] *Dig.*, 41, 1, 15, § 1.

[2] Chez nous, l'intérêt étant le seul mobile des actions judiciaires, un particulier non lésé ne serait pas admis à porter plainte contre les usurpations commises sur le domaine public.

[3] *Dig.*, I. 2, § 7, 17. Le payement d'une redevance est contraire à la saine théorie de la domanialité publique.

[4] On sait que ce mode d'abrogation était admis en Droit romain : « *Leges, tacito consensu omnium*, dispose le paragraphe 1er de la loi 32 du Digeste, *per desuetudinem abrogantur.* » « *Consuetudo pro lege custoditur*, disent encore les Institutes (1, 2, § 9), *ex non scripto jus venit quod usus comprobavit.* »

[5] Livre V, titre III, article IV.

force de loi, en vertu même des principes fondamentaux du Droit. Chacun put, dès lors, établir régulièrement des parcs et des pêcheries sur le rivage attenant à ses terres, et les transmettre, par tous les modes usités, comme tout autre bien.

Dans la suite, l'empereur Léon reconnut formellement ce droit aux riverains. Il leur enjoignit même de l'utiliser, prescription qui paraît extraordinaire, mais qui s'explique néanmoins par le désir qu'avait cet empereur de grossir ses ressources à l'aide des redevances qui frappaient les pêcheries. Il se contenta, pour sauvegarder les intérêts de la navigation et de la circulation sur les grèves, d'ordonner par sa Novelle 57 qu'il y aurait à l'avenir entre deux pêcheries un espace libre de 365 pas, sans préjudice néanmoins des pêcheries déjà existantes. « Plus tard, des contestations s'étant élevées sur le point de savoir si les parcs qui n'avaient pas la distance prescrite étaient d'ancienne ou de nouvelle construction, il régla par sa Novelle 104 que ceux qui avaient assez de terrain pour réduire leur parc à la distance réglementaire seraient obligés de faire cette réduction ; et, à l'égard de ceux qui n'avaient pas assez de terrain pour réduire ainsi leurs parcs, que, s'ils pouvaient prouver qu'ils avaient bâti dix ans avant sa première loi, ils les conserveraient tels qu'ils étaient, mais à défaut de cette preuve, il leur était enjoint de les démolir[1]. » Et comme, à cause de cette distance qu'il fallait garder, certains terrains pouvaient séparément ne pas avoir une largeur suffisante pour y pratiquer des parcs, il fit une obligation à leurs propriétaires, par sa Novelle 102, de s'associer pour en bâtir en commun sur leurs terrains réunis. « Ce qu'il y a de plus remarquable en ceci, ajoute Valin qui nous fournit ces renseignements[2], c'est que, quoique les portions des particuliers entrés ainsi en société de gré ou de force fussent inégales, le même empereur, dans sa Novelle 103, ordonna que ces sortes de sociétés ne seraient point réglées comme les autres, dans lesquelles celui qui met le plus a une plus grande part dans le fonds de la société et dans le profit ; mais que le produit de ces pêcheries communes serait partagé également entre les associés sans avoir égard à l'inégalité des portions d'un chacun dans le sol de chaque pêcherie. »

[1] Valin, livre V, titre III, article 5.
[2] Livre V, titre III, article 5.

Aucune législation rationnelle ne protégeait donc plus le domaine public maritime contre les entreprises individuelles : les principes avaient disparu devant les faits[1]. Nous verrons cet état de choses se continuer en France, et l'abus, auquel la complaisance intéressée de l'administration impériale avait laissé prendre racine, créer au gouvernement de nos rois de très grandes difficultés.

III.

Aux temps barbares.

Tant qu'avait duré la domination romaine, l'industrie de la pêche, puissamment stimulée par le luxe effréné de la table et, plus encore, par l'abstinence prescrite par la loi Licinia et surtout par l'Église chrétienne, s'était maintenue, grâce à des besoins si contraires, en un haut degré de prospérité. Mais, à dater de la division de l'Empire, la pêche et le commerce du poisson déclinèrent sensiblement. Leur décadence ne fit que s'accroître avec les invasions des barbares. Bientôt, sous le flot de l'inondation humaine, toutes les industries et tous les arts sont détruits; toutes les relations commerciales qu'ils alimentent sont interrompues. La pêche si importante du thon disparaît dans la Méditerranée; les viviers sont délaissés ou comblés ; ce n'est plus le temps de la bonne chère et des folles orgies. « Le peuple même peut à peine se procurer les poissons les plus communs pour satisfaire aux abstinences religieuses : la pêche n'est plus exploitée que par les misérables habitants des côtes, que leur pauvreté seule met à l'abri du pillage de l'ennemi et qui n'obtiennent leur sauvegarde que de l'obscurité de leur profession; ou, si elle conserve quelque ombre de liberté dans son exercice, elle ne la trouve que dans les lagunes de Comacchio[2], de Venise, au milieu

---

[1] En face de l'extension excessive que durent prendre les pêcheries dans un pays où la pêche n'était soumise à aucune réglementation, et où l'occupation du domaine maritime ne l'était plus, il ne semble pas téméraire de faire remonter à l'époque romaine l'origine première de la stérilité des côtes de la péninsule Italique.

[2] Voir, sur l'industrie très ancienne de la lagune de Comacchio, le *Voyage d'exploration* de M. Coste. L'auteur y compare la lagune à une fabrique alimentaire. Par un système admirable de canaux et d'écluses qui ne constitue en somme qu'une immense bordigue, les habitants ont su, en effet, mettre à profit le phénomène de la *montée*, c'est-à-dire des migrations périodiques des poissons aussitôt après leur éclosion. Les

des étangs de Narbonne, en plaçant entre elle et la cupidité des
barbares de vastes marais qui lui tiennent lieu de remparts[1]. »

Sous les premiers rois francs, les luttes intestines, les guerres
extérieures, les troubles violents, le bouillonnement continu enfin
qui précède nécessairement la fusion d'éléments divers et préside à
la formation d'un grand peuple, anéantissent encore tout commerce
et toute industrie. La pêche ne se relève pas : elle ne pourrait être
sérieusement exercée que pendant les rares instants d'accalmie; et
c'est alors, c'est-à-dire quand tous les rouages de l'économie publique semblent se remettre en mouvement, que les Cantabres et les
Sarrasins d'Espagne infestent, plus nombreux, le littoral du golfe de
Gascogne, et que les Normands pillent avec plus d'audace celui de
la Manche. Les habitants des côtes ne peuvent exploiter avec sécurité les richesses maritimes de ce beau pays de France que Grotius
n'a pas craint d'appeler « le plus beau royaume après celui du
ciel [2] ».

D'ailleurs, les monarques des deux premières dynasties, n'obéis-
sant qu'à la mollesse et à l'ambition, incapables, à l'exception de
Charlemagne, de ces grandes idées qui devancent la marche lente
des siècles et font faire aux nations un pas rapide dans la carrière
du progrès, n'appréciaient pas, ne sentaient pas l'utilité des pêcheurs
et des hommes de mer. Ils ne voyaient dans la pêche qu'un métier
ordinaire exercé par leurs sujets les plus indigents. Les pêcheurs
formaient donc une classe d'hommes sur laquelle les regards du
Prince semblaient dispensés de descendre[3].

Ce fut le christianisme, ce civilisateur universel, ce promoteur
infatigable de toutes les industries et de tous les arts, qui tira la
pêche de l'abandon où elle était tombée et lui fit conquérir peu à peu
le rang qu'elle devait occuper. Pendant que leurs frères de l'intérieur
défrichaient la France, les moines des bords de la mer s'adonnaient
à la pêche[4], fabriquaient des filets, et, héritiers de l'art piscicole

---

bancs de semence sont attirés dans la lagune, et, quand les alevins sont devenus
adultes, ils sont entraînés, par la disposition même des canaux, vers de véritables maga-
sins où il n'y a qu'à puiser.
   [1] Noël, *Hist. gén. des pêches.*
   [2] Lettre d'envoi à Louis XIII de son traité *De Jure belli et pacis.*
   [3] Noël, *Hist. gén. des pêches.*
   [4] « La pêche ne fut point interdite, comme la chasse, aux ecclésiastiques, parce qu'elle
a quelque chose de simple et d'innocent qui ne répugne point à leur caractère : *Non*

des Romains, construisaient, autour de leurs abbayes, de vastes et
nombreux viviers. C'était là qu'ils entretenaient le poisson qui devait
leur fournir l'aliment maigre imposé par leurs règles ou les lois
générales de l'Église[1]. Les populations maritimes, encouragées par
leur exemple, et, d'autre part, moins inquiétées par les brigandages
des peuples voisins, ne tardèrent pas à prendre goût à une profession
qui non seulement leur assurait la nourriture quotidienne, mais
encore leur rapportait, par la vente facile de ses produits, d'impor-
tants bénéfices. Le bien-être des habitants du littoral s'en accrut, et,
avec lui, la prospérité de la pêche. On devint plus confiant, plus
hardi. Bientôt l'industrie méprisée, se relevant dans un magnifique
essor, apparaît, sinon comme la principale, du moins comme l'une des
principales du royaume : des villes se bâtissent sur tout le littoral
de l'Océan, des flottes entières arment dans tous les ports, et notre
marine est ainsi créée. La baleine, le hareng et, plus tard, la morue
sont les causes premières de ce revirement prodigieux. La pêche du
hareng surtout prend une extension extraordinaire, non seulement
en France, mais dans tous les pays du Nord. Elle devient un objet
très important dans l'histoire du monde; et, dans le même temps
qu'elle fait la fortune de nos villes de la Manche, elle fonde la grandeur d'Amsterdam, transforme un pays autrefois stérile et méprisé

inveniri in Scripturis sanctis sanctum aliquem venatorem piscatores inveniri sanctos.
(Esae, C. 86). Les religieux étaient invités à fuir l'oisiveté : Ut texantur ab eis lina
capiendis piscibus. » (Baudrillart, Dict. des pêches, discours préliminaire.)

[1] Ce serait une chose intéressante que d'étudier, au point de vue historique, le rôle du
christianisme dans l'activité du commerce du poisson. On peut avancer que la règle du
maigre a été l'une des causes principales de la prospérité de la pêche au moyen âge, et
par suite a, pour une large part, contribué à la formation de notre marine. Il y avait
alors, par an, 180 jours environ où le maigre était d'obligation pour tous les fidèles. Cette
abstinence s'observait très rigoureusement. Charlemagne, en 789, avait décrété la peine
de mort contre celui qui enfreindrait le carême sans raison légitime. Jusqu'à la fin du
XVIIIe siècle, on observa les lois d'abstinence avec la plus grande rigidité, à l'indignation des novateurs qui affectaient de secouer tout scrupule sur ce point : « Velut parri-
cida, s'écrie Érasme avec ironie dans une de ses Lettres, trahitur ad supplicium qui
pro piscium carnibus gustavit carnes suillas..... Gustavit aliquis carnes, clamant
omnes : ô cœlum, ô terra, ô maria Neptuni! nutat Ecclesiæ status; inundant hæretici.»
La Réforme, l'incrédulité du XVIIIe siècle et la Révolution vinrent successivement relâ-
cher et presque annihiler les observances religieuses. (V. à ce sujet l'ouvrage inachevé
de Le Grand d'Aussy, Histoire de la vie privée des Français, Paris, 1782.) Un grand
stimulant manqua dès lors à l'industrie de la pêche. De Sartine, ministre de la marine,
le comprenait bien. On lui demandait un jour : « A quoi bon le carême? pourquoi ces
abstinences de viande? à quoi servent des Carmélites et des Chartreux? — A nous
donner des matelots, » répondit laconiquement le ministre de Louis XVI.

en une puissance riche et respectable, et, pour dire quelque chose de plus, donne au plus petit peuple de l'Europe, avec la marine la plus forte et l'empire colonial le plus vaste de l'univers, assez d'indépendance vis-à-vis de l'étranger pour oser braver la puissance formidable d'un Louis XIV.

Jusqu'au XVI⁰ siècle, le hareng resta l'objet principal, et pour ainsi dire exclusif, de la pêche et du commerce de poisson. Il était si abondant qu'on s'en servait comme instrument d'échange : on acquittait des dettes en harengs, on faisait des donations en harengs¹. Quant à la petite pêche qui seule doit nous préoccuper ici, elle resta, durant cette longue période, dans la plus humble situation. Elle n'éveilla pas une seule fois la sollicitude de nos rois, qui, de bonne heure cependant, donnèrent leur attention à la pêche fluviale : ils ne soupçonnaient même pas, ce semble, l'utilité de cette industrie locale qui forme cependant et fait vivre une grande partie de la population maritime. Ce n'est qu'à la fin du XVI⁰ siècle, en 1584, que nous rencontrons enfin, perdus dans une longue ordonnance sur l'Amirauté, deux articles qui la concernent. Deux ou trois autres dispositions insignifiantes figurèrent dans des édits ultérieurs, et ce fut tout. Il fallut le génie d'un Colbert pour découvrir que la prospérité de la pêche du poisson frais tenait aux entrailles mêmes des questions sociales : la législation complète et minutieuse que ce grand ministre créa de toutes pièces pour la protéger fut une des plus remarquables innovations de ce Code immortel de 1681, qu'un de ses traducteurs, un Anglais, proclama « le système de lois le plus accompli pour le commerce et la navigation que l'Europe eût jamais vu ² ».

Mais, avant d'analyser les dispositions de ces actes qui sont relatives aux établissements de pêche, il est de toute nécessité que nous exposions sommairement par quelles phases passa successivement la condition du domaine maritime. Nous aurons aussi à rechercher ce que furent les pêcheries jusqu'au XVI⁰ siècle, soin dont nous ne pour-

¹ Parmi les aumônes que faisait tous les ans saint Louis aux différents monastères, aux léproseries et aux hôpitaux de son royaume, figuraient 68,000 harengs.
² L'ordonnance fut traduite à Londres sous la reine Anne. Cette traduction anglaise se trouve dans un recueil intitulé : *A general treaty of the dominion of the sea and a complete body of the sea laws.*

rons, d'ailleurs, nous acquitter que d'une manière très imparfaite, car un silence, pour ainsi dire absolu, règne sur la matière.

Comme l'a fait remarquer Hauteserre[1], le maintien du *statu quo* fut le caractère général de la domination franque. Lors de l'invasion, 'a propriété privée fut, en général, respectée par les vainqueurs. Quant aux terres fiscales, une part importante en fut attribuée, à la prise de possession du pays, au roi, chef des guerriers, sous la dénomination de *fiscus, bona fiscalia*, et le reste fut distribué entre ses compagnons d'armes. Ce partage des terres par les barbares semble avoir été en France, comme dans tous les pays de l'Europe occidentale, l'origine du domaine de la royauté. Le fisc fut, en outre, saisi par la conquête de tous les droits des empereurs romains, et se trouva investi de la garde et de l'administration des diverses portions du territoire que leur destination à des services publics avait fait exclure du partage, comme les routes, les places, les fleuves, les rivages de la mer. Il continua à percevoir sur elles les droits innombrables dont bénéficiait jadis le fisc impérial, et laissa le soin de leur recouvrement aux *comites*, aux *vicarii*, aux *duces*, aux *centenarii*, aux *ducenarii*, à tous ces agents enfin que l'Empire avait établis sous le nom général de *judices*. En somme, la conquête ne changeait rien aux institutions : les vainqueurs s'appropriaient le mécanisme usé, mais encore puissant de l'administration romaine ; le domaine public restait intact au sein de la barbarie.

Seulement, tandis que jusqu'à la destruction de l'Empire une centralisation fortement organisée ne laissa jamais, sauf en ce qui concerne le domaine maritime, l'usurpation individuelle s'ériger en fait légal, et sauvegarda toujours, malgré les exactions des proconsuls, gouverneurs et autres administrateurs des provinces et les abus des particuliers, l'intégrité et l'inaliénabilité du domaine public, en France, au contraire, le pouvoir central, faiblement constitué, alla toujours en s'amoindrissant et finit par succomber devant la féodalité, qui lui arracha la consécration de toutes ses usurpations domaniales dont, le premier, il lui avait donné l'exemple. Avec le domaine public, disparurent alors définitivement les principes qui le

---

[1] « Franci, profligatis Romanis, rerum facti domini in Galliâ, statum provinciarum a Romanis institutum non attigerunt, nec duces comitesve a republicâ sustulerunt. » (Dadin de Hauteserre, *De Ducibus et Comitibus provincialibus Galliæ*, Toulouse, 1643, cap. 3.)

régissaient, et quand, enfin, vers le XVe siècle, la royauté ressaisira l'empire sur la féodalité terrassée et enlèvera aux seigneurs les biens usurpés, ces biens ne reconstitueront pas un domaine public, mais iront accroître et régénérer le Domaine de la Couronne.

Les rivages de la mer suivirent, comme tous les autres éléments du domaine public, ces regrettables destinées. Ils furent d'abord réputés propriété, non plus des riverains, mais du Roi. Quand et comment s'accomplit cette nouvelle dévolution du domaine maritime ? Il serait difficile de le dire. Il paraît vraisemblable qu'à cette époque d'ignorance et de cupidité, le Roi, servi d'ailleurs par son pouvoir sans bornes et sans contrôle, ne vit bientôt plus, dans les redevances qu'il percevait, après l'Empereur, sur les constructions et 's pêcheries élevées sur les plages ou dans la mer, que le prix de la l ation d'une chose lui appartenant, et qu'il s'attribua la pleine propriété des biens qu'il avait seulement mission de conserver et de protéger, à titre de Souverain. Ce qui est hors de doute, c'est qu'au temps de Charlemagne, tant en France qu'en Allemagne et en Italie, quand ces trois contrées étaient régies par le même pouvoir, les rivages de la mer, comme les fleuves et les autres éléments du domaine public, étaient considérés comme faisant partie du domaine royal [1], et que le Souverain percevait, à leur occasion, une multitude de droits dont il est fait mention dans le Glossaire de Du Cange. Dès lors, ils perdirent totalement le caractère de *res extra commercium* et de *res publica* que, jusqu'à ce temps, et sauf la servitude dont les grevait le droit qu'avait le riverain d'y former des établissements, ils avaient conservé presque intact ; ils ne différèrent plus, quant au régime, des choses *in commercium* que comprenait le domaine de la royauté. En réalité, le domaine public n'existait déjà plus : à son droit de police le Souverain avait substitué un droit de propriété. Mais encore, au moins, ses anciens éléments, réunis dans les mains royales, composaient une sorte d'unité. Le temps n'était pas loin où cette unité allait subir le plus complet démembrement et ses débris recevoir autant de maîtres qu'il existait de seigneurs.

Durant cette période, et dans cet état de choses, les établissements de pêche ne pouvaient être concédés que par le Roi, propriétaire du domaine maritime. La concession était accordée pour un

---

[1] Noel, *Hist. gén. des pêches.*

temps, par location du rivage, ou à perpétuité, par son aliénation définitive. Elle l'était à titre gratuit ou onéreux. Dans ce dernier cas, elle donnait lieu au payement, soit d'une redevance en argent qui profitait au fisc, soit d'une redevance en nature, fixe ou proportionnelle aux produits de la pêche, qui était employée à la subsistance des troupes ou du personnel des fermes et des manufactures royales[1]. Tout cela était la conséquence du caractère de bien privé qu'avait alors le rivage de la mer. Il est fort probable, d'ailleurs, qu'en fait chacun pouvait librement, sans aucune concession, élever des établissements de pêche, et que le Roi se bornait à frapper de ces redevances ceux dont l'existence était constatée. La situation était ainsi, en fait, la même qu'à Rome, sous les Empereurs.

Bien peu de renseignements nous sont parvenus sur les établissements de pêche à cette époque. Nous savons, cependant, qu'outre les parcs à huîtres, les plus faciles de tous à imaginer et à construire, il y en avait d'autres que l'on bâtissait de même sur les bords de la mer et qui se nommaient *piscariæ*. Ils servaient à conserver le poisson ou à le prendre au reflux.

Les parcs à huîtres existaient depuis longtemps déjà. Dès le IVe siècle, Ausone, célébrant les huîtres de la Gaule, indiquait qu'on les enfermait, pour les faire multiplier et engraisser, dans de grands bassins où pouvait pénétrer la marée :

Ostrea, Baianis certantia, quæ, Medulorum
Dulcibus in stagnis, reflui maris æstus opimat.

On voit par ces vers que le chantre de la Moselle donnait le premier rang aux huîtres de Bordeaux, son pays natal, puisqu'il les compare à celles de Baïes, si estimées des Romains. Au témoignage du même poète étaient encore fort renommées, quoique ne rivalisant

[1] Comme les empereurs romains, les rois des Francs, qui avaient hérité de tous leurs droits et revenus, faisaient valoir des métairies et des manufactures fiscales par des intendants et par cette espèce d'esclaves qu'on appelait *serfs fiscalins*..... Les *villa*, loin d'être des palais, n'étaient, la plupart, que de riches fermes. Elles constituaient la plus grande fortune des princes mérovingiens; ils en possédaient environ 160 dans les différentes provinces du royaume. Voir, sur le caractère économique de ces domaines, Gibbon, *Histoire de la décadence et de la chute de l'empire romain*. Traduction Leclerc de Septchênes, Paris, 1842, tome 1er. Voir aussi l'*Histoire critique* de l'abbé Dubos, tome 1er.

pas avec celles du Médoc, les huîtres de Marseille, de Collioure et celles de la Bretagne et du Poitou. Ainsi l'industrie huîtrière que Sergius Orata' avait créée en Italie au temps de César n'était pas inconnue en France : elle y était au contraire depuis longtemps florissante.

Quant aux pêcheries et aux viviers, il en existait un peu partout sur les fleuves et les rivages de la mer. La Loi Salique, ou, plus exactement, les dispositions qui vinrent s'y ajouter[1] en font mention et punissent d'une amende le vol qui y est commis : « *Si quis de cena furacerit piscem aut de rete DC denarios qui faciunt solidos XV culpabilis judicetur.*[2] » Une pénalité analogue est écrite dans la Loi des Lombards : « *Si quis de piscaria aliena pisces tulerit componat solidos sex.* » Enfin les pêcheries figurent encore à plusieurs reprises dans les Capitulaires sous le nom de *piscatoria*[3], et Charlemagne, dans son Capitulaire *De Villis*[4], qui n'est pas autre chose qu'un règlement d'économie domestique, s'occupe de la vente du poisson que renferment celles de ses domaines.

Les madragues, nous l'avons dit, avaient disparu de la Méditerranée avec la pêche jadis si prospère du thon : ce n'est qu'au XVIIe siècle que nous les verrons usitées de nouveau sur notre littoral. Les bordigues pouvaient ne pas être ignorées, mais le document le plus ancien à notre connaissance qui en fasse mention porte la date de 1031. Enfin, les bouchots à moules ne devaient être imaginés que dans le courant du XIIIe siècle.

Voilà à peu près tout ce que nous savons des établissements de pêche jusqu'au IXe siècle. Nous sommes certains qu'il en existait, mais nous n'avons aucun détail sur leur mode d'installation et d'ex-

[1] *Capita extravagantia,* titre XXVI : *De furtis de cenationibus vel piscationibus.* Les *Capita extravagantia,* comprenant 40 titres, sont des additions sans caractère authentique faites à la rédaction primitive de la Loi Salique lors de ses diverses transcriptions. Ces additions étaient néanmoins considérées et présentées comme faisant partie de la *Lex Salica,* au moins dans quelques provinces de l'empire des Francs. Les manuscrits qui contiennent ces additions datent du IXe siècle.

[2] La *Lex Emendata,* rédaction nouvelle de la Loi Salique à laquelle fit procéder Charlemagne, n'avait pas prévu dans son titre XXIX le vol de poisson dans des filets ou dans une pêcherie, *cena.* L'ena ou cenas : septum ad intercipiendos pisces. (Du Cange, *Glossarium.*)

[3] Voir ainsi Baluze, *Capitularium Karoli Magni et Ludovici Pii liber quintus,* CCLXXIX.

[4] Baluze, *Capitulare de Villis,* LXV.

ploitation, ni sur les conditions particulières de leur concession. Il
est seulement hors de doute qu'ils n'étaient, comme à Rome, soumis à aucune règle tendant à la conservation des espèces, et que
rien n'empêchait leurs possesseurs d'en faire de véritables instruments de dévastation, ce dont, sans doute, ils ne se firent pas faute.

IV.

Au Moyen-Age.

Nous avons vu successivement la propriété du domaine maritime,
d'abord théorique et dévolue à l'État, ensuite réelle et attribuée en
partie aux riverains eux-mêmes, passer avec tout le domaine public
dans le domaine de nos rois. Nous allons la voir maintenant acca-
parée de nouveau par les particuliers dans la personne des seigneurs
féodaux. Plus tard, elle fera retour au Domaine de la Couronne,
qu'ils en auront dépouillé, jusqu'à ce que l'Assemblée Constituante,
rétablissant les principes rationnels de la matière, rende à ce
domaine son caractère primitif de chose publique et décide que le
Souverain n'en est pas le propriétaire effectif, mais seulement l'ad-
ministrateur.

La société barbare, ou plutôt l'inexprimable chaos qui suivit l'invasion et se prolongea jusqu'à l'établissement un peu régulier du
régime féodal, était incapable d'offrir à l'autorité mal assise du Roi
aucun point d'appui moral, ni même matériel. Tous les vices s'étaient
comme donné rendez-vous au sein de cette anarchie. Une ambition
et une cupidité effrénées dévoraient le plus petit chef; tous les
moyens lui semblaient bons pour assouvir sa soif de domination ou
assurer la prospérité de ses intérêts. Hypocrisies, duplicités, injustices, trahisons, cruautés, tout était légitime pour écraser le faible et
lutter contre le fort : c'était le règne de la force brutale.

Le Roi devait donc, nécessairement, chercher à s'attacher les puissants de l'époque pour retenir le sceptre dans ses mains débiles; et,
dans un temps où l'intérêt était le seul mobile de presque toutes les
actions humaines, il ne pouvait y arriver qu'en prodiguant à ces
puissants les honneurs et les biens, trop heureux, encore, s'il ne
voyait pas se tourner contre lui ceux qui avaient vécu de ses bien-

faits. Or, les puissants de l'époque étaient d'abord le clergé, après lui, les grands. Le clergé, dont la persévérante sollicitude allait former peu à peu cette société grossière aux délicatesses du devoir et de l'honneur, était puissant non moins par son savoir que par son prestige religieux. Aimé des petits, dont il se faisait le protecteur, respecté des grands, dont il dominait l'ignorance, vénéré de tous, il était vraiment le maître de la situation, et la politique la plus élémentaire prescrivait de se ménager son concours. Quant aux grands, dont la vie se passait en révoltes, en compétitions et en guerres, le Roi se voyait obligé, pour mettre son trône à l'abri de leur rancune ou de leur avidité, et aussi pour faire face plus librement aux dangers extérieurs, de calmer leur turbulence en les comblant de ses faveurs et de ses largesses. Que ne devait-il pas faire pour récompenser le zèle de ceux dont l'attachement se manifestait par des services signalés !

Le domaine royal fut, avec les charges, ce qui servit à gagner des soutiens à la royauté. Il paraît que les rois de la première race ne regardèrent pas aux donations, territoriales ou autres, pour s'attacher le clergé, car Chilpéric II, au rapport de Grégoire de Tours [1], s'écriait avec dépit en se plaignant de la puissance de l'Église : « Notre fisc est devenu pauvre, nos richesses ont été transférées aux Églises ; les évêques seuls règnent ; l'éclat de notre trône a disparu, et les évêques des cités en sont investis ! » La nécessité ne rendit pas moins généreux leurs successeurs à l'égard de ce même clergé et des seigneurs ; et si le domaine royal ne s'était incessamment renouvelé, dans une certaine proportion du moins, par l'adjonction des biens confisqués ou en déshérence, et par celle des propriétés privées, mobilières ou territoriales, des chefs des tribus ou des peuples vaincus [2], ils n'eussent bientôt plus été à même d'acheter l'éphémère fidélité de leurs sujets.

Les premières distractions qui furent faites du domaine royal étaient de simples concessions à titre temporaire, révocables au gré du Roi. La *fidélité* du *bénéficier* au donateur, bien que les obligations comprises sous ce mot ne se trouvent, dans les premiers temps, décrites ni énumérées nulle part, était alors, aussi bien qu'elle le fut

---

[1] Livre VI, chap. XLVI.
[2] Guizot, *Essais sur l'histoire de France.*

plus tard quand les *bénéfices* furent à vie, puis héréditaires, la condition morale et légale de sa possession [1]. Mais, d'une part, cette
fidélité ne fut que rarement gardée par les vassaux ; d'autre part, le
monarque, cherchant par tous les expédients à accroître son domaine
et ses ressources, n'eut le plus souvent d'autre règle que son caprice
et son intérêt dans la révocation de ces donations. Aussi bientôt
« les grands, indignés enfin de la manière arbitraire dont le Prince
donnait, retirait, rendait et reprenait ses bénéfices, ce qui ne leur
donnait que des espérances et des craintes, jamais une fortune
solide, songèrent à remédier à cet abus..... S'étant rendus les maîtres
du Roi par ses propres bienfaits, ils réussirent à s'en faire craindre,
et étant assemblés à Andely [2] pour traiter de la paix entre Gontran
et Childebert II, ils forcèrent ces princes à convenir dans leur traité
qu'ils ne seraient plus libres de retirer à leur gré les bénéfices qu'ils
avaient conférés ou qu'ils conféreraient dans la suite aux églises et
aux leudes [3]. » Le traité d'Andelot eut le sort de tous les traités
passés à cette époque : il fut violé toutes les fois que les circonstances
le permirent, et le Roi n'observa, pour dépouiller ses vassaux de
leurs bénéfices, les formalités et les délais de justice qu'il avait con-
sentis que lorsqu'il lui fut impossible de faire autrement.

La politique nécessaire, qui consistait à acheter l'appui du clergé
et la fidélité des grands, offrait un écueil inévitable : plus, en effet,
le Roi se montrait généreux, plus ses bénéficiers avaient intérêt à
l'abandonner ou à le trahir, certains qu'incapable de se maintenir

[1] Contrairement à ce qu'a prétendu Mably (*Observations sur l'Hist. de France*,
tome I[er]) : « Les dons que les fils de Clovis avaient faits de quelques portions de leurs
d[omai]nes n'étaient que de purs dons qui n'imposaient aucun devoir particulier et ne
conféraient aucune qualité distinctive. Ceux qui les recevaient, n'étant obligés qu'à une
reconnaissance générale et indéterminée, pouvaient aisément n'en avoir aucune, tandis
que les bienfaiteurs en exigeaient une trop grande, et de là devaient naître des plaintes,
des reproches, des haines, des injustices et des révolutions. Les bénéfices de Charles
Martel furent, au contraire, ce qu'on appela depuis des *fiefs*, c'est-à-dire des dons faits
à la charge de rendre au bienfaiteur, conjointement ou séparément, des services mili-
taires et domestiques. »
« Les bénéfices que distribua Charles Martel à ses guerriers, répond à cela M. Guizot
(*Essais sur l'Hist. de France*), ne leur imposèrent point d'obligations nouvelles et jusque-là inconnues. Seulement, à mesure que les anciennes relations des compagnons
avec le chef se relâchaient et tendaient à se dissoudre, par la dispersion des hommes et
leur établissement sur leurs domaines, leurs obligations réciproques durent devenir
plus explicites et plus déterminées. »
[2] Congrès d'Andely ou mieux d'Andelot, en 587.
[3] Mably, *Observations sur l'Histoire de France*, tome Ier.

tout seul au pouvoir, la nécessité l'amènerait à consentir à leur profit de nouveaux sacrifices. Aussi la dilapidation du domaine royal suivit-elle une marche rapide. Arrêtée un moment par la main puissante de Charlemagne, elle reprit, sous ses faibles successeurs, avec une force plus grande, son mouvement vers l'épuisement complet. La simple concession d'un bénéfice, même à vie, ne fut plus un avantage en rapport avec l'insatiabilité des seigneurs : Louis le Débonnaire, le premier, fut contraint d'aliéner à perpétuité quelques-uns de ses bénéfices [1]. Un peu plus tard, Charles le Chauve, consommant le sacrifice que son père avait commencé, rendit tous les siens héréditaires. Au siècle suivant, l'hérédité fut étendue par Hugues Capet, — qui ne fut proclamé roi qu'à cette condition, — à tous les bénéfices, désormais *fiefs*, sans aucune distinction d'origine. Le même Charles le Chauve, n'ayant plus rien à donner, reconnut aussi, par une concession suprême, l'hérédité des comtés et des charges dans le fameux capitulaire qu'il rendit en 877, à Kiersy-sur-Oise [2]. Signer ce capitulaire, c'était signer l'arrêt de mort de la royauté : dépouillée du droit de disposer des charges, il ne lui restait donc rien désormais pour récompenser les services ou satisfaire la cupidité de ses sujets, car, d'autre part, le Domaine ne lui offrait plus aucune ressource.

Ce n'étaient pas seulement les concessions multipliées des rois qui l'avaient épuisé; c'étaient aussi les usurpations incessantes et de plus en plus audacieuses des seigneurs qui n'avaient point scrupule de mettre à profit le désordre et la faiblesse des institutions. Ils ne comprenaient pas que leurs droits pussent être limités. Non contents d'ériger leurs bénéfices héréditaires en principautés souveraines, en

[1] On peut en trouver des exemples dans le tome VI de la *Collection des historiens de France*, de Dom Bouquet, où sont rapportées un assez grand nombre de chartes de ce temps.

[2] « Si aliquis ex fidelibus nostris, porte l'art. 10 de cet acte, post obitum nostrum Dei et nostro amore compunctus, seculo renuntiare voluerit et filium vel talem propinquum habuerit qui reipublicæ prodesse valeat, suos honores, prout melius voluerit, ei valeat placitare. » (Baluze, *Regum Francorum Capitularia*, tome II.)
Les seigneurs *justiciers*, d'abord révocables, avaient obtenu l'inamovibilité de leurs charges. Une fois inamovibles, ils avaient fini par changer leurs *gradus* en *honores*, ce qui leur attribuait la totalité et non plus une simple fraction des impôts par eux perçus. Non contents, ils voulurent convertir leurs charges, leurs *honores*, en propriétés, et en disposer comme bon leur semblait. Ils arrachèrent cette dernière concession à la faiblesse de Charles le Chauve. — Comme nous venons de le voir, la condition des bénéfices suivit la même progression.

s'arrogeant sur leurs terres tous les droits de souveraineté connus
sous le nom de *droits régaliens*, ils s'emparaient, dès qu'ils le pouvaient, des terres voisines des leurs, sans même se préoccuper de
savoir si elles dépendaient du domaine des particuliers ou du
domaine royal; à la faveur des droits exorbitants qu'ils percevaient
sur la plupart des lieux publics, ils s'attribuaient purement et simplement la propriété de ces derniers, en vertu de la règle qui leur
donnait les biens vacants et sans maître; chacun, en un mot,
s'agrandissait aux dépens d'autrui avec un parfait mépris de l'intérêt public ou privé; et, pour donner une idée de cet incroyable
abus de la force qui mit vraiment le pays au pillage pendant plusieurs siècles, nous rapporterons un seul fait, relaté dans la vie de
Louis le Débonnaire [1].

En 795, Charlemagne renvoyant en Aquitaine son fils Louis, lui
demanda « comment il se faisait qu'étant roi, il fût d'une telle parci-
monie qu'il n'offrît jamais rien à personne, pas même sa bénédiction
à moins qu'on ne la lui demandât. Louis apprit à son père que, les
grands ne s'occupant que de leurs propres intérêts et négligeant les
intérêts publics, les domaines royaux étaient partout convertis en
propriétés privées, d'où il arrivait qu'il n'était, lui, roi que de nom et
manquait presque de tout. Charlemagne, voulant remédier à ce mal,
envoya en Aquitaine ses propres messagers, Wilbert, depuis archevêque de Rouen, et le comte Richard, inspecteur des domaines
royaux [2], et leur ordonna de faire rentrer dans les mains du Roi les
domaines qui jusqu'alors lui avaient appartenu, ce qui fut fait ».

Malheureusement, tous nos rois n'eurent pas la fermeté de Charlemagne : sous ses successeurs, l'usurpation des domaines royaux fut
universelle.

Le domaine royal, selon l'observation de Mlle de Lézardière [3], avait
pour destination — du moins avant l'établissement des impôts fixes
et réguliers — de subvenir, non-seulement à l'entretien du Roi, de

[1] *Vita Lud. Pii Imperat.*, cap. VI, dans la *Collection des historiens de France*,
tome VI. — Guizot, *Collection des Mémoires relatifs à l'histoire de France*, tome III.
[2] On sait que les *missi dominici* étaient des inspecteurs au nombre de deux par cir-
conscription ou *missaticum*, l'un laïque, l'autre ecclésiastique, chargés par Charlemagne de visiter quatre fois par an les diverses provinces de l'Empire pour y surveiller
l'administration et s'assurer de l'exécution des lois.
[3] *Théorie des lois politiques de la monarchie française.* — Paris, 1791-1792,
tome III.

sa famille et de sa maison, mais encore à l'acquit des dépenses de l'administration civile et politique. Épuisé par les libéralités du Roi et par les usurpations de ses vassaux, il ne suffit bientôt plus à faire face à ces besoins, et le Prince, pour se procurer quelque argent, dut en aliéner les débris à titre onéreux ou, du moins, les engager avec faculté de rachat : ce fut encore une nouvelle cause de ruine. Le rachat n'eut que rarement lieu; bien plus, par une prodigalité bien intempestive du Souverain, ou une incurie coupable de ses agents, une grande quantité de domaines furent engagés avec simulation de finance, c'est-à-dire que l'engagiste reçut quittance sans avoir versé dans le trésor royal le prix stipulé.

Voilà comment fut successivement démembré, au profit du clergé et des grands du royaume, le Domaine de la Couronne; comment le domaine public, qui lui était incorporé, passa presque tout entier en la possession des monastères et des familles seigneuriales. Tout avait favorisé cette dilapidation. Perdue par la reconnaissance de la patrimonialité des *fiefs* et des *justices*, écrasée par la féodalité triomphante, abandonnée et méprisée parce qu'elle ne peut plus payer le dévouement et le respect, la royauté besoigneuse, durant longtemps, n'existera guère plus que de nom et cherchera en vain, par des expédients misérables, à se créer les ressources qui lui font défaut. Mais un temps viendra où, éclairée par l'infortune, forte des leçons du passé, elle attaquera son vainqueur et, prenant et gardant cette fois le sceptre de la force, reconstituera son domaine sur le principe de son inaliénabilité.

Mis ainsi, par la prodigalité royale ou par la violence, en possession du domaine maritime, ses nouveaux détenteurs s'empressèrent de concéder à bail, comme un fonds de terre quelconque, et moyennant des redevances écrasantes, les rivages de la mer ou la mer elle-même[1], pour l'établissement de pêcheries, ou d'y élever eux-mêmes ces constructions pour les exploiter à leur profit. Les établissements de pêche de tous genres se multiplièrent alors sur nos grèves, au plus grand détriment de la pêche et de la navigation.

---

[1] La mer est en effet traitée aussi à cette époque comme une propriété privée. Mentionnons, pour exemple, une charte de 1036 par laquelle Foulque, Vicomte de Marseille, donne à l'abbaye de Saint-Victor l'église de Saint-Tropez et la mer avoisinante : « Et ipsum mare similiter donamus cum omnibus quæ ibi habemus, sicut ripa ejusdem Sancti Torpetis vadit et homo in pelagus navigare potest. » (*Cartulaire de l'abbaye de Saint-Victor*, charte 693).

Nous ne connaissons guère plus les conditions d'installation des établissements de pêche à l'époque féodale que durant la période barbare. Nous en trouvons néanmoins la mention fréquente dans les chartes du temps, sous les dénominations diverses de *piscatoria*, *piscature, piscationes, piscaria*. Elles figurent souvent surtout dans les riches donations que petits et grands, terrifiés par l'approche de l'an mil, ou désireux de s'assurer la protection des évêques et des abbés, n'hésitaient pas à faire *à Dieu et à ses saints*[1] dans la personne de ses ministres. C'était le temps, en effet, où, comme le dit un vieux proverbe allemand rapporté par Anton dans son *Histoire de l'économie rurale en Allemagne*, chacun jugeait « qu'il faisait bon vivre sous la crosse[2] ». Robert II, duc de Normandie, l'estimait sans doute ainsi pour son compte, quand, par une charte de l'année 1030, il fit donation, à l'abbaye du mont Sainte-Catherine, d'un parc à poisson, en même temps que de cinq salines et de cinq masures, sises à Dieppe, dont la redevance annuelle était de cinq milliers de harengs[3]. Bien d'autres donations de ce genre sont mentionnées dans le cartulaire de l'abbaye de Saint-Victor de Marseille[4], publié, en 1857, par M. Guérard, dans la *Collection des documents inédits sur l'histoire de France*. Un diplôme de l'empereur Louis III l'Aveugle, daté du 21 avril 905, concède, à l'instigation de Rostagne II, archevêque d'Arles, et du comte Teubert, à l'abbé Magnus II — « *pro remedio anime nostre parentorumque nostrorum* », dit l'acte — un fonds de terre avec des salines, des pêcheries et un port[5]. Le seigneur Rostagne et son épouse Ermengarde donnent, en 1015, à saint Victor et au bienheureux Isarn, l'un de ses abbés les plus célèbres, leur part

[1] Personne n'ignore que les biens des églises et des abbayes étaient considérés comme la propriété de Dieu et des Saints, et que c'était à Dieu et aux Saints que l'on donnait tout ce que l'on destinait aux établissements religieux.

[2] « Unter dem Krumstabe ist gut wohnen. » (*Geschichte der deutschen Landwirthschaft*, Goerlitz, 1799-1802, tome I.)

[3] Pommeraye, *Histoire de l'abbaye de Sainte-Catherine*, Rouen, 1662. — Noël, *Hist. gén. des pêches*, recueil de chartes, etc.

[4] A partir de la fin du Xe siècle, l'abbaye de Saint-Victor, qui, selon une tradition fort ancienne, avait été fondée au Ve siècle par saint Jean Cassien, acquit une telle réputation que, de tous les points du Midi, on s'adressait aux abbés de cette église pour restaurer les monastères tombés en décadence. Elle avait des domaines non seulement dans tous les diocèses du Midi et jusque dans celui de Nevers, mais encore en Espagne et en Sardaigne. Elle en eut même un moment en Syrie.

[5] *Cartulaire de l'abbaye de Saint-Victor*, charte 10.

du port de Gontard, avec des terres, un jardin et deux pêcheries[1]. Un peu plus tard, des pêcheries sont encore mentionnées dans une bulle adressée par le pape Urbain II, le 20 février 1089, à l'abbé Richard, cardinal-prêtre de la Sainte Église romaine, bulle qui confirme l'abbaye de Saint-Victor dans ses privilèges et ses possessions dont elles semblent former une part importante[2].

Nous pourrions multiplier ces exemples, car, nous l'avons déjà dit, les actes de donation ou de vente relatifs aux abbayes ou aux seigneuries comprennent souvent des pêcheries dans l'énumération des dépendances des terres aliénées. Mais ce serait inutile autant que fastidieux. Nous citerons encore néanmoins deux autres documents de cette époque, parce qu'ils offrent un intérêt particulier.

Le premier est un passage du *Registre de Charles Ier*[3], état des droits qui appartenaient au comte de Provence vers le milieu du XIIIe siècle. Ce passage nous fait connaître très exactement les conditions dans lesquelles étaient exploitées les pêcheries d'Arles et des environs, et nous permet ainsi de nous rendre compte, par analogie, de celles qui pouvaient régir toutes les autres. Les pêcheries en question étaient louées à un fermier. Le comte touchait deux tiers de leur produit et contribuait pour deux tiers à leur établissement, à leur restauration, à la fourniture du vin des ouvriers, à l'entretien des filets et des barques, au transport du poisson, au loyer de la poissonnerie et au salaire des crieurs et des greffiers; le fermier se chargeait de toutes les autres dépenses et recevait un tiers du produit[4]. Pour d'autres pêcheries voisines, le fermier était exclusivement chargé des frais relatifs aux barques, aux filets, aux ouvriers

[1] « Donamus... atque *duas piscatorias*, unam ad Pozium Sanguinentum, aliam de Alarico. » (*Ibidem*, charte 267.)

[2] « Portum Massiliensem et *piscarias* et salinas et omnia vobis confirmamus in perpetuum possidenda que nostrorum privilegiis predecessorum videntur nunc vestro cenobio attributa. » (*Ibidem*, charte 839.)

[3] Charles Ier, frère de saint Louis, comte de Provence de 1246 à 1285. — La Bibliothèque nationale possède un exemplaire de cet état.

[4] « Piscationes dantur ad presens sub forma infra scripta, videlicet quod dominus comes percipit intrate duas partes, in expensis vero dominus comes providet in aptatione et refectione piscationum et vino operariorum et in retis et navigio et portatione piscium et logerio domus et venditorum et scriptorum in duabus partes. Fackerius vero debet facere tertiam partem et omnes alias expensas in toto. » (*Registre de Charles Ier*, fol. 83, v°).

4

et au transport du poisson ; les autres dépenses étaient communes et le produit se partageait par moitié[1].

Le deuxième est une charte, portant la date de 1031, tirée encore du cartulaire de Saint-Victor, par laquelle Ponce de Marignane, archevêque d'Arles, donne à Isarn et à ses moines « *quibus prohibitum est carnibus vesci* » la dixième partie des poissons pris dans un canal joignant un étang à la mer, et une *bordigue*[2]. Les bordigues, dont l'invention remonte sans doute, comme les madragues, à une haute antiquité[3] et qui exigent une mise de fonds moins considérable, durent certainement exister, sans interruption, après la chute de l'Empire romain, sur le littoral de la Méditerranée; mais cette charte est, à notre connaissance, l'acte le plus ancien qui constate cette existence. Il faut croire, d'ailleurs, que l'industrie des bordigues acquit déjà, à cette époque, une extension considérable; car il en est souvent parlé dans des documents de peu postérieurs, en somme, à la charte de 1031. Ainsi, d'après un acte du 3 janvier 1223, qui fait partie des archives de la prud'homie des patrons-pêcheurs de Martigues, l'archevêque d'Arles, Hugo Boardi, fit cession à Raymond Bérenger, comte de Provence, de deux terrages de son domaine, mais en se réservant le poisson de ses bordigues. En 1292, la bordigue du Roi et celle de l'archevêque d'Arles étant l'objet d'une contestation, Charles le Boiteux, comte de Provence et roi des Deux-Siciles, vint lui-même à Martigues pour y fixer la délimitation de ces pêcheries. En 1297, le même prince, par un acte du

---

[1] Piscationes de Vacaires sic fieri consueverunt : piscator percipit medietatem, dominus comes aliam. Expensas sic faciunt : piscator debet habere in stagno navigium, recia, piscatores, et pisces deportare usque Rodanum suis propriis expensis. In Rodano vero dominus comes et piscator habent navigium, et pisces deportantur usque ad domum ubi venduntur. Et dicta domus et venditores et scriptor conducuntur. Fiunt de communi et commune fiunt per dominum comitem et dictum piscatorem. Et completis omnibus residuum dividitur inter dominum comitem et piscatorem. » *(Ibidem.)*

[2] « Quin etiam adhuc hujus nostræ donationis largitati adicere unam gurgustrium placuit, quod lingua rustica *bordiculam* vocant. »(Charte 219.) — *Gurgustrium* : « Casa brevis ubi pisces nutriuntur. » (Du Cange, *Glossarium.*) — Du Cange (aux mots *Bordigala* et *Burdicula*) définit la bordigue « area majoris genus in qua pisces servantur in stagnis vel fluviis ut et vivere possint et facile capi. »

[3] Voir sur ce point S. Berthelot, *Études sur les pêches maritimes.* — Pitton (*Hist. d'Aix*, Aix, 1666) attribue l'invention des bordigues de la Méditerranée à la ville de Martigues. Mais M. Alfred Saurel (*Venise en Provence*, 1855) avance qu'elles furent antérieures à la formation de cette ville qui leur doit vraisemblablement son existence.

15 octobre, abandonna ces mêmes bordigues de Martigues aux religieuses de Saint-Barthélemy d'Aix. Le 2 octobre 1321, le comte de Provence fit don de la terre de Jonquières au prieur de Saint-Genès qui, de son côté, lui céda tous ses droits sur la bordigue du Roi[1]. « Toutes ces cessions, transferts, donations et mutations continuelles qui tantôt faisaient passer le *droit de pêche, des eaux et terrages* de l'autorité sacerdotale aux mains des princes et des hauts barons, ou réciproquement, tantôt permettaient le partage, l'échange ou l'aliénation de ces droits moyennant d'autres privilèges ou certaines concessions, donnèrent souvent lieu à de justes réclamations de la part des pêcheurs dont l'industrie se trouvait entravée par les exigences des possesseurs titulaires des domaines seigneuriaux. » On peut lire dans l'ouvrage de M. Sabin Berthelot, *Études sur les pêches maritimes*, auquel nous empruntons ces paroles, un aperçu des discussions de toute nature que les bordigues ont occasionnées dès les premiers temps.

De tout ce qui précède, il ressort que, vers le XIIIᵉ siècle, il existait sur les grèves de notre littoral, à titre de propriétés privées, de nombreux établissements de pêche que rien ne réglementait et auxquels le bon plaisir de leurs possesseurs pouvait donner toute la force de destruction dont ils étaient susceptibles et une installation essentiellement contraire aux intérêts de la navigation. On trouvait ainsi sur nos côtes des pêcheries émergentes, analogues sans doute à nos écluses et à nos bouchots, d'une invention si simple; des viviers et des réservoirs; des bordigues sur la Méditerranée; enfin des parcs à huîtres, car, si nous n'en avons rien dit, ce n'est pas que la pêche et l'élevage de l'huître se fussent ralentis depuis Ausone; ils avaient pris, bien au contraire, un nouvel essor depuis qu'au XIIᵉ siècle avait commencé l'exportation de ce mollusque vers les villes de l'intérieur, notamment Paris, où il fut bientôt fort estimé; mais, sauf ce détail, nous n'avions rien de nouveau à exposer à leur sujet. Quant aux madragues, elles devaient rester encore inconnues jusqu'en 1603. Néanmoins il existait, en Normandie, des

[1] Citons encore, à titre de curiosité, une charte de 1120 par laquelle la reine Yolande, « dame des Martigues » céda la bordigue de Beaumont à un comte, conseiller du Roi, qui est désigné dans l'acte sous le nom de *noble Arelatan*. Ce seigneur, probablement d'origine arlésienne, ne devait entrer en possession de la bordigue qu'à condition d'épouser noble dame de Faustro, damoiselle de la dite reyne ».

établissements qui avaient avec elles beaucoup d'analogie et où le
marsouin, à la pêche duquel on s'adonnait pour sa chair, alors esti-
mée, paraît-il[1], et surtout pour l'huile qu'on extrayait de sa graisse,
se prenait de la même manière que le thon dans les madragues ordi-
naires. Enfin, les bouchots à moules des côtes de l'Aunis et du Poitou furent imaginés précisément vers le milieu du XIII° siècle, dans
les circonstances suivantes, si l'on s'en rapporte du moins à un travail datant de 1598[2]. Vers l'année 1246, un Irlandais naufragé[3] fut
jeté par la tempête sur la côte d'Aunis, tout près de La Rochelle, et
y établit le premier bouchot à moules. Il le construisit en forme de
V, et inventa le *acon* pour aller sur les vasières. Son établissement
était à la fois une moulière artificielle et une pêcherie, car il laissait
au sommet de l'angle un écartement de 3 ou 4 pieds pour y adapter
des engins destinés à recevoir les poissons qui, à mer descendante,
suivraient la voie bordée par cette double haie. Ainsi firent, dans
la suite, les boucholeurs dont Walton avait créé la fortune. Nous
verrons plus loin que le caractère de pêcherie devint bientôt le
caractère dominant de ces établissements, et qu'ainsi détournés de

---

[1] « Quel attrait avait pour nos ancêtres, dit Baudrillart (*Dict. des pêches*), une chair
dure et coriace, imprégnée d'une huile qui la dispose à la rancidité et dont la couleur,
d'un rouge livide, et les émanations nauséabondes affectent désagréablement les organes
de la vue et de l'odorat ? » Il faut croire que nos aïeux avaient un palais différent du
nôtre, car ils trouvaient exquis ce que nous estimerions détestable. Champier, médecin
attaché au service de François Ier, assure (*De Re Cibariâ*, Lyon, 1560) avoir mangé, à
la cour de ce prince, du boudin fait avec le sang, la chair, la graisse et les intestins
du phoque, qu'on pêchait beaucoup au XVI° siècle sur nos côtes. — Voir sur ces goûts
étranges : Paul Lacroix (bibliophile Jacob), *Mœurs, usages et coutumes au moyen âge*.
Paris, 1878. — Le lard du marsouin était connu, ainsi que celui de la baleine, sous le
nom de *craspois ou viande de quarème*. Le craspois, qui faisait partie des approvisionnements de bouche des armées de terre et de mer, figure parmi la quarantaine de poissons énumérés dans le *Ménagier de Paris*, comme ayant cours sur les marchés du
royaume. Mais cette grosse salaison ne se consommait sans doute que dans le bas peuple, car, au dire d'un auteur du XVI° siècle, fût-elle cuite et bouillie pendant vingt-
quatre heures, elle restait toujours *fort dure et indigestible*. Le *Ménagier de Paris* est un
curieux ouvrage anonyme du XV° siècle, publié pour la première fois par M. le baron Jérôme
Pichon, dont l'auteur doit avoir été un bourgeois instruit et éclairé. C'est un recueil de
conseils adressés par un mari à sa femme, toute jeune encore, sur la conduite qu'elle
doit tenir dans le monde et pour la direction de son ménage.

[2] *Théâtre des merveilles de l'industrie humaine*, par D. T. V. T., gentilhomme ordinaire de la Chambre du Roi. Rouen, 1598; chez J. Caillove, cour du Palais. (Ouvrage
très rare.)

[3] On retrouve l'origine du bouchot dans son nom qui est dérivé du mélange du celte
et de l'irlandais, et signifie clôture en bois : *bout*, clôture, et *choat ou chot*, bois. —
Voir sur l'invention de Walton : Coste, *Voyage d'exploration*. — *L'industrie de la baie
de l'Aiguillon*.

leur destination principale, ils durent plus tard subir les rigueurs nécessaires de l'autorité.

Nous avons, de notre mieux, déterminé la situation du domaine maritime vers le XIIIe siècle. Cette situation se prolongea encore durant les trois siècles qui suivirent, mais en s'empirant : car, à mesure que le Domaine se reconstituait par les efforts de nos rois et d'importantes réunions à la Couronne, les seigneurs, continuant à usurper sans relâche les rivages de la mer, en multipliaient les concessions à l'infini. Le nombre des établissements de pêche devint tel dans le courant du XVIe siècle que le Pouvoir, ayant enfin le sentiment de l'immense utilité de la petite pêche, stimulé d'ailleurs par les plaintes des populations maritimes ruinées par cette dévastation permanente de la production des eaux, et soucieux aussi de sauvegarder les intérêts de la navigation et d'établir énergiquement son droit sur une partie si importante du Domaine de la Couronne, prit pour la première fois des mesures pour enrayer le mal . l'édit rendu par Henri III, en 1584, à la demande de l'amiral de Joyeuse, sur les attributions de l'Amiral, contient, en effet, les premières dispositions relatives aux pêcheries, on pourrait même dire à la pêche côtière, si l'on fait abstraction de quelques règlements antérieurs sur la pêche du hareng.

Mais avant d'examiner ce qu'a fait l'édit de 1584 au point de vue qui nous occupe, nous exposerons comment, dans cet espace de trois siècles, s'introduisit peu à peu la maxime de l'inaliénabilité du Domaine de la Couronne qui est le fondement de ses dispositions, et quelle fut la nouvelle condition qui en résulta pour le domaine maritime.

V.

La législation de 1584.

Contrairement à l'étrange assertion de Mézerai, que Lefèvre de La Planche relevait déjà comme erronée dans son *Traité du Domaine*[1], l'origine du principe de l'inaliénabilité du domaine royal ne remonte pas au delà du XIVe siècle. Les rois des deux premières

---

[1] Paris, 1764. Tome III, p. 363.

races, comme les Capétiens jusqu'aux Valois, ont toujours eu l'entière disposition de leur domaine, et les faits prouvent qu'ils en ont usé largement. Comme nous l'avons déjà dit, les recueils d'anciennes chartes abondent en dispositions de biens fiscaux faites soit en faveur des établissements religieux, soit en faveur des particuliers. Ces concessions consenties exclusivement à l'origine à titre de bénéfice, *in beneficio*, le furent plus tard à titre d'investiture complète, *in integritale*, et nous avons vu comment les unes et les autres aboutirent également à la transmission absolue de la propriété tout entière aux concessionnaires.

Morcelé, sous les faibles successeurs de Charlemagne, comme la souveraineté elle-même au sein de l'anarchie féodale, le Domaine se releva peu à peu sous les Capétiens. Reconstitué, à partir du XIII° siècle, principalement sous les règnes de Philippe le Hardi, de Philippe le Bel et du roi Jean, par les conquêtes, les confiscations, les héritages, le retour des apanages à la Couronne et la réunion des biens particuliers du Prince à son avènement[1], il ne suffit pas, néanmoins, à faire face aux nécessités pécuniaires, toujours croissantes, de nos rois. Aussi ces derniers s'efforcèrent-ils de l'augmenter en recouvrant les biens qui en avaient été successivement détachés.

Rien n'était plus légitime, assurément, sinon plus logique, que d'enlever aux usurpateurs les biens nombreux qu'ils avaient distraits du Domaine; mais, en déclarant ce Domaine imprescriptible, les rois ne se bornèrent pas à cet acte de stricte justice : ils trouvèrent ingénieux et commode de frapper de nullité les aliénations régulièrement consenties par leurs prédécesseurs ou par eux-mêmes, et de se créer ainsi de nouvelles ressources, sans cesse renaissantes, pour consentir des aliénations nouvelles à titre gratuit ou onéreux. Or, cet acte de spoliation ne pouvant être décrété purement et simplement sans paraître au moins appuyé d'un principe, ils proclamèrent en même temps, pour la forme, que le Domaine de la Couronne était inaliénable. C'était, en outre, donner par une garantie, bien illusoire d'ailleurs, satisfaction aux États généraux qui, à

---

[1] Le Domaine de la Couronne s'augmentait des biens patrimoniaux des princes appelés au trône. C'est en vain que Henri IV voulut affranchir ses biens personnels de la loi de dévolution par des ordonnances nombreuses; il rencontra de la part du Parlement une résistance si vive qu'il fut obligé, par l'édit de 1607, de revenir sur ses prétentions.

chaque subside qu'ils votaient pour le Roi, se plaignaient de voir dilapider le domaine qui devait servir à l'entretien de la Couronne [1]. Ainsi, le principe d'inaliénabilité qui a été la base de la législation domaniale sous l'ancien régime, loin de procéder en rien du principe d'inaliénabilité posé en Droit romain à l'égard du domaine public et du domaine de l'État, est né d'un expédient financier et politique de la royauté aux abois.

Philippe le Long est le premier qui, en 1318, inaugure ce nouveau système d'alimentation du Domaine. Suit alors toute une série d'ordonnances, de lettres patentes, de déclarations sanctionnant, dans l'intérêt du fisc royal, diverses mesures de réunion des biens usurpés ou de révocation des aliénations antérieures [2]. Qu'il suffise de citer les actes promulgués en 1321 par Charles le Bel; en 1333, 1334 et 1349 par Philippe de Valois; en 1356 et 1357 par le dauphin Charles, plus tard Charles V [3]; en 1360 par Jean le Bon; en 1364 et 1371 par Charles V; en 1401 par Charles VI; en 1437 et 1455 par Charles VII. Louis XI fit aussi quelques réunions; mais il fut, d'autre part, d'une extrême libéralité, comme le prouvent ces mots de Philippe de Commines : « De terres donna grande quantité aux gens d'Église. » Mais ce don de terres, ajoute l'historien, n'a point tenu: aussi ils en avaient trop ». En effet, Charles VIII, en 1483 et en 1484, révoqua toutes les aliénations faites par son père et ordonna la recherche de tous les domaines aliénés.

Ces mesures de spoliation trouvèrent un appui dans l'esprit public, qui considérait les biens domaniaux comme le patrimoine de tous. Les États de Paris en 1356, ceux de Poitiers en 1423, ceux de T....

---

[1] Il est impossible de ne pas remarquer la coïncidence existant entre la réunion des États généraux et la reddition des ordonnances sur le Domaine. En 1316, Philippe le Long réunit les États; en 1318, il rend une ordonnance établissant l'inaliénabilité du Domaine de la Couronne. En 1356, autre réunion des États généraux suivie de deux ordonnances sur le Domaine, en 1356 et en 1357, et ainsi de suite.

[2] Il faut remarquer que, lorsqu'une ordonnance révoquait les aliénations antérieures de biens domaniaux, c'était, presque toujours, sauf exception à l'égard des choses baillées à Dieu et à l'Église.

[3] Les États généraux de 1356 avaient reconnu les deux règles de l'inaliénabilité et de l'imprescriptibilité, et avaient demandé qu'elles fussent strictement observées. (Dareste de la Chavanne, *Histoire de l'administration en France*. Paris, 1848. Tome II.) Le dauphin Charles, régent du royaume pendant la captivité du roi son père, promit, dans l'article 11 de l'ordonnance du 13 mars 1356, de ne point aliéner le Domaine de la Couronne et d'empêcher qu'il ne fût aliéné.

en 1489, et le Parlement, dans plusieurs circonstances[1], s'associèrent à ces actes, et c'est ainsi que se répandit cette maxime : « *le Domaine de la Couronne est inaliénable* ».

Bien qu'il fût l'objet, depuis 1361, d'une mention spéciale dans le serment solennel que prêtaient les rois de France à leur sacre[2], le nouveau principe de l'inaliénabilité, déposé en germe dans les nombreuses ordonnances que nous avons citées plus haut, et dans d'autres plus récentes de 1517, 1519, 1521 et 1520, n'avait encore été, dans aucun acte législatif, confirmé par une disposition générale et formelle. Ce fut François Ier qui, dans son édit du 15 juin 1539, consacra en termes explicites son introduction définitive dans le droit domanial de la monarchie[3] : « Savoir faisons, y est-il dit, que Nous, considérant notre dit Domaine et patrimoine de la Couronne de France, tant par la loi de notre dit royaume et la constitution de nos prédécesseurs rois, comme de disposition de droit civil et canonique, et par le serment que Nous et nos prédécesseurs avons fait et ont accoutumé de faire les rois de France à leur sacre, *être inaliénable par quelque espèce de manière que ce soit, directement ou indirectement, par jouissance, possession, usurpation, intention, détention ou autre façon et manière de le vouloir acquérir ;* attendu que le dit Domaine et patrimoine de notre Couronne est réputé sacré et ne peut tomber au commerce des hommes... ».

En vertu de ces considérants, l'édit interdisait la vente du Domaine et repoussait, de la part de ceux qui en possédaient une partie,

[1] Au témoignage de Chopin (*Traité du Domaine*, liv. 2, t. I, n° 4), un arrêt du Parlement annule, notamment, des aliénations qui avaient été faites en exécution des traités de Louis XI.

[2] En novembre 1361, le roi Jean, rendant la charte de réunion à la Couronne des duchés de Bourgogne et de Normandie et des comtés de Brie et de Champagne, y imposa à son successeur l'obligation de jurer qu'il ne diviserait pas l'étendue du royaume. Au couronnement de Charles V, on ajouta donc au serment cette phrase « *Superioritates, jura et nobilitates coronæ Franciæ custodiam et illa nec transportabo nec alienabo.* » (Isambert, *Recueil des lois françaises*, t. V.) Dès lors, chaque roi jura à son sacre de garder le Domaine et le patrimoine royal de la Couronne. Promesse trop souvent méconnue ! Les papes, après leur élection, prêtent à peu près le même serment formulé par la Constitution d'Innocent XII, en 1692. (Voir *Serment des Souverains Pontifes : inaliénabilité du domaine de l'Église*. Paris, 1860.)

[3] Bien que l'imprescriptibilité soit une conséquence nécessaire de l'inaliénabilité, le principe de l'imprescriptibilité trouvait encore une certaine résistance chez les juristes alors que celui de l'inaliénabilité était depuis longtemps incontesté. La première ordonnance en cette matière fut l'édit de 1539.

toute fin de non-recevoir basée sur la prescription centenaire, et toute prétention à une propriété dont ils invoquaient la possession comme titre.

Trente ans plus tard, le chancelier de l'Hospital, en préparant la fameuse ordonnance que Charles IX rendit à Moulins, en février 1566, dans une assemblée des notables et grands du royaume, érigeait en principe fondamental la maxime déjà écrite dans l'édit de 1539, et, codifiant les dispositions de détail éparses dans les actes précédents, formait un corps complet de législation domaniale auquel resta le nom d'*Ordonnance du Domaine*. D'Argentré[1] a signalé la haute importance de cet acte en le qualifiant de « *sacrosancta lex, quæ reges ipsos et curias parlamentares sacramento obstringit, ne contra fert patiantur nere desideriis regum obsequantur, si quando contra statuunt* ». L'ordonnance de 1566 proclame l'inaliénabilité et l'imprescriptibilité du Domaine, mais cette indisponibilité n'est pas absolue. D'une part, il peut y être dérogé en deux cas: pour constitution d'apanage des puînés mâles de la Maison de France, et pour les nécessités de la guerre. D'autre part, elle ne s'applique qu'au *grand domaine*, soigneusement distingué, par une autre ordonnance également rendue à Moulins en février 1566, du *petit domaine*, composé de toutes les possessions éparses, dont les difficultés d'exploitation et la minime importance justifient suffisamment l'aliénabilité[2]. Pour ce qui est des mesures d'application, l'ordonnance ne dépassait pas les bornes du droit et de la justice. Contrairement à celles qui l'avaient précédée, elle ne dépouillait que les possesseurs de biens domaniaux qui n'étaient pas à même de représenter des titres réguliers de concession ou d'aliénation: il ne s'agissait plus, en effet, de tirer tout le parti possible d'un expédient déshonnête, mais de faire respecter, en l'appliquant avec sagesse, le nouveau principe introduit dans notre droit public.

L'ordonnance de 1566 a une importance capitale au point de vue du domaine public. On peut dire que c'est à elle que remonte son existence, sa constitution tant réelle que légale. En effet, d'une part, si les rois ont fréquemment violé dans la suite le principe qu'ils avaient librement adopté, cette violation, malgré l'insatiabilité des

<hr />

[1] *Commentaire sur la Coutume de Bretagne*, art. 266, ch. 19, n° 6.

[2] Cette distinction paraît avoir existé en germe dans une ordonnance de Charles VI, de 1408. Depuis 1566, elle fut toujours fidèlement observée.

courtisans, s'est toujours consommée sur les biens que nous classe-
rions aujourd'hui dans le domaine de l'État, et jamais sur ceux qui
constituent le domaine public; ces derniers, au contraire, en raison
même de ce caractère *public*, ayant toujours été, pour le maintien de
leur réunion, l'objet du soin plus jaloux de nos rois[1]. D'autre part,
bien que le domaine public et le domaine de l'État soient restés confondus jusqu'en 1789 dans le Domaine de la Couronne; bien que,
jusqu'au siècle de Louis XIV, comme nous le verrons, le Roi fût
considéré comme propriétaire réel, et non pas seulement comme
gardien, de tous les biens de son domaine, sans distinction e . e
ceux du domaine de l'État et ceux du domaine public, il résultait
néanmoins du principe de l'inaliénabilité que le Roi, n'ayant pas
théoriquement la libre disposition de ce dont il était réputé propriétaire, n'avait en définitive qu'un droit de garde et de police sur les
choses de l'un et l'autre domaines. L'ordonnance de 1566 a donc
bien créé le domaine public en France.

Ce fut par une application particulière de cette ordonnance que
furent rendus les art. 84 et 85 de celle du 15 mars 1584. Les rivages
de la mer avaient, plus que toute autre partie du Domaine, bénéficié
de la profonde révolution qui s'était opérée par les soins et au
profit de la royauté. Le Souverain, non sans peine il est vrai, en
avait recouvré la propriété usurpée par les seigneurs, et avait, en
conséquence, déclaré appartenir à son fisc les redevances qu'ils se
faisaient payer par les concessionnaires. Telle avait été l'œuvre de
plusieurs ordonnances, et notamment de celle qu'avait rendue
François Ier en février 1544, laquelle avait enlevé aux seigneurs
le droit de police sur les rivages de la mer, droit dont ils se servaient
pour les envahir[2]. Mais si le Roi pouvait légitimement reprendre à ses
vassaux la propriété du domaine maritime, il ne pouvait de même
s'adjuger purement et simplement celle des établissements qui y
avaient été formés, même indûment. Tout ce qu'il pouvait faire,
c'était d'ordonner la démolition de ces derniers quand leur formation
avait une origine irrégulière, c'est-à-dire quand ils avaient été construits sans aucune concession, ou sur la concession d'un seigneur
qui n'avait aucun droit sur la partie du rivage concédée. Cette

---

[1] Périn, *Du domaine public dans s· ·· fférences avec le domaine privé.* Paris, 1860).
Introd. historique.
[2] Garboaleau, *Du domaine public en droit romain et en droit français.* Paris, 1859.

mesure offrait un grand désavantage pour le fisc en le privant de
nombreuses redevances; mais les pêcheries s'étaient tellement multipliées sur les grèves, et devenaient si dévastatrices par les perfec-
tionnements qu'on y apportait que, pour satisfaire le double intérêt
de la pêche et de la navigation plus encore que celui du Domaine,
Henri III décida, en 1584, sur les réclamations incessantes des populations maritimes, que tous les établissements de pêche construits
depuis 40 ans, c'est-à-dire depuis l'année 1544, seraient démolis, et
que ceux qui avaient plus de 40 ans d'existence devraient se conformer à l'obligation de ne pas retenir l'eau ni le frai du poisson, et,
par suite, de n'être pas faits de claies, de bois, de chaux ou de pierres,
mais seulement de filets à mailles suffisamment larges. L'ordonnance
prohibait en même temps l'emploi de la dreige et de certains
autres engins destructeurs[1]. Telles furent les premières mesures
prises en faveur de la petite pêche.

Bien que l'intérêt de la pêche ait été la raison dominante de ces
dispositions, l'ordonnance de 1584 ne distingue pas entre les parcs et
pêcheries qui contribuent au dépeuplement, et ceux qui ne nuisent
qu'à la circulation en mer et sur les grèves. La nouvelle législation
est radicale : elle frappe tous les établissements de pêche, quels
qu'ils soient, dont la formation est postérieure à 1544. Il convient de
bien déterminer ce qui a fait fixer cette date de 1544.

C'était en 1544 que François Iᵉʳ avait déclaré formellement que les

---

[1] Édit de mars 1584. (Isambert, *Recueil des anciennes lois françaises*, tome XIV.
La plupart des actes que nous citons plus loin sont insérés dans ce Recueil.)
Art. 84. « Pour pourvoir aux plaintes faites aux commissaires par nous députés par
nos provinces, de parcs et pescheries construites de nouveau sur le bord et ès grèves de
la mer, bayes et embouchures des rivières, contre la forme ancienne, avons ordonné que
tous lesdits parcs et pescheries faites ou construites depuis 40 ans au bord des grèves
de la mer et rivières y entrant, seront démolies et abattues, et les propriétaires des-
chargés de rentes et redevances qui nous en pourront devoir ou ce qu'à quelques autres seigneurs qui prétendent avoir droit de fiefs ès dits parcs et pescheries. »
Art. 85. « Et pour le regard de celles basties précédent quarante ans seront rétablies
en leur premier état, sans qu'il leur soit permis user d'aucunes fosses à l'endroit
d'icelles, ni les bastir de claies, bois, chaux ou pierre pour user de rétention d'eau,
ains seulement d'un ret ou aplet dont la maille sera aussi grande pour le moins que
celle ordonnée pour la pesche du hareng, et défendu sur peine de 10 écus d'amende de
prendre ni retenir dans lesdits parcs aucun frai de poisson; défendons aussi l'usage de
la dreige sinon pour l'huître, savonceaux, senes et trameaux, à peine de 10 écus
d'amende applicable comme dessus pour la première fois, qui doublera pour la seconde,
et à la tierce de punition corporelle et de privation desdits droits de pescheries et
parcs. »

rivages de la mer étaient une dépendance du Domaine de la Couronne dont il avait consacré, cinq ans auparavant, l'inaliénabilité et l'imprescriptibilité. Il en résultait qu'à partir de cette année 1544, la possession d'un établissement quelconque formé sur le rivage, qu'elle fût la suite d'une occupation pure et simple ou d'une concession seigneuriale ou royale, ne pouvait ni commencer, ni continuer *animo domini*, c'est-à-dire que l'acquisition d'un droit définitif de propriété ou de servitude sur une portion de plage, non seulement par prescription, mais même par concession, devenait radicalement impossible. L'existence, après 1544, d'une nouvelle pêcherie, même en vertu d'une autorisation du Pouvoir, ne pouvait donc, en droit, résulter que d'une permission essentiellement précaire, d'une simple tolérance; et, par suite, il n'y avait rien que de légitime à frapper de démolition sans indemnité les établissements postérieurs à cette date.

Quant aux possesseurs d'établissements de pêche de formation antérieure à 1544, l'ordonnance aurait pu les distinguer en deux catégories : ceux qui jouissaient, sur la portion distraite du rivage de la mer, d'un droit définitif et inviolable de propriété ou de servitude, prenant sa source dans une concession régulière ou dans la prescription acquise à cette date¹; et ceux dont les auteurs, ou étant détenteurs réguliers, mais précaires, n'avaient pu posséder *animo domini* ni, par conséquent, prescrire, ou ne basant leur possession que sur une concession sans valeur ou une simple occupation, n'avaient pas achevé de prescrire, lors de la reddition par François Iᵉʳ de l'ordonnance de 1544. Les premiers n'auraient pu être dépossédés sans injustice; tout au plus pouvait-on les exproprier en les indemnisant.

¹ Nous adoptons, à l'égard des établissements antérieurs à 1544, l'opinion que semble admettre la Cour de cassation dans le 7ᵉ considérant de son arrêt du 19 juillet 1836 (Affaire Messager.) L'argumentation en sens opposé que contient la lettre du Ministre de la marine au procureur général près la Cour, et dont M. le conseiller Legagneur adopta les conclusions tendant à prouver que les pêcheries, *même antérieures à 1544*, ne pouvaient, en aucune façon, être considérées comme propriétés privées, cette argumentation, disons-nous, nous semble contredite par les données de l'histoire. Jusqu'au XVIᵉ siècle, en effet, le domaine public fut constamment aliénable, comme le Domaine de la Couronne dans lequel il était confondu; et nous avons vu que les rivages de la mer et la mer elle-même n'échappèrent pas aux effets de cette aliénabilité. Dès lors, comment prétendre que les détenteurs de pêcheries, *même avant 1544*, n'aient pu avoir qu'un droit essentiellement révocable et précaire ne permettant même pas de posséder *animo domini*?

Mais les possesseurs de la seconde catégorie auraient pu être traités avec la même rigueur que les détenteurs de pêcheries postérieures à 1544, car ils se trouvaient dans la même situation légale. Néanmoins, le législateur de 1584 obéit à d'autres considérations. Malgré le silence de l'ordonnance sur ce point, il est évident que le principal mode de preuve de l'existence régulière d'une pêcherie avant 1544 était la présentation de titres valables. Or, dans les guerres religieuses qui venaient de bouleverser le royaume, beaucoup de titres originaux avaient péri : il était donc à craindre qu'un assez grand nombre de possesseurs légitimes, privés de la seule preuve, peut-être, dont ils auraient pu disposer pour justifier de leur droit, ne fussent pas mieux traités que les usurpateurs. Pour éviter ce résultat manifestement contraire à l'équité, et aussi pour se montrer bienveillant envers ceux qu'une assez longue possession recommandait à son indulgence, le législateur, dérogeant aux principes consacrés en 1539 et en 1566, et affirmés récemment encore dans les articles 329 et suivants de la déclaration du 10 mai 1579 — laquelle attribuait au Parlement de Paris la connaissance des affaires concernant le Domaine de la Couronne, — résolut de considérer la possession de 40 ans, c'est-à-dire partant de 1544, comme acquisitive de la prescription. Il décida, en conséquence, que tous les parcs et pêcheries dont on pourrait prouver l'existence, *régulière ou non*, avant 1544, seraient conservés, à la condition, toutefois, de n'être faits, dorénavant, que de filets, et de n'être l'occasion d'aucune pratique destructive du frai. C'était, d'ailleurs, combler le vœu des populations maritimes, car — on peut, du moins, l'inférer du texte des articles 84 et 85, — si elles réclamaient si vivement, c'était uniquement contre les pêcheries très nombreuses construites depuis peu sur les grèves, et dont l'installation *contraire*, paraît-il, *à la forme ancienne*, était particulièrement funeste à la reproduction du poisson.

La législation de 1584 peut donc se résumer en deux mots : démolition de tous les établissements de pêche construits depuis 1544; maintien, dans certaines conditions, de tous ceux d'une origine antérieure à cette date; et, dans l'un et l'autre cas, aucune distinction entre l'existence et le défaut d'autorisation.

Rien ne nous indique que ces prescriptions aient été exécutées. Tout au plus le furent-elles d'une manière très incomplète. Nous voyons bien l'ordonnance de 1629 (*Code Michaud*), sur les plaintes

des États assemblés à Paris en 1614 et de l'Assemblée des Notables
réunie à Rouen et à Paris en 1617 et 1626, ordonner de nouveau,
dans son article 454, l'exécution de celle de 1584, ce qui prouve
que cet acte était, jusque-là, resté lettre morte[1]; mais il ne semble
pas que cette disposition ait été suivie de quelque résultat, car les
pêcheries de bois et de pierre devinrent si nombreuses, surtout sur
les côtes d'Aunis, de Saintonge et de Poitou, que nous entendons le
cardinal de Richelieu, dans son ordonnance du 14 mars 1642[2], se
plaindre amèrement que « la pêche du poisson s'en va, ruinée, sur
les côtes de France où elle abondait autrefois, *à cause des parcs multipliés sur les grèves, au préjudice des ordonnances* », et enjoindre aux
officiers de l'Amirauté de se transporter le long des côtes de la mer
pour visiter tous les parcs, pêcheries, filets, etc., et pour les faire
détruire et confisquer s'ils ne sont de la qualité requise par les règlements. Le duc de Vendôme, grand-maître de la navigation, rendit
une ordonnance presque semblable le 27 avril 1659, et ce fut tout.
Aucune mesure plus effective ne fut prise en conformité de l'édit
de 1584. Encore, les ordonnances de 1642 et de 1659 ne reçurent-
elles vraisemblablement aucune exécution sérieuse, si l'on considère
le nombre prodigieux d'écluses et de bouchots qui envahissaient les
plages vingt ans plus tard, en 1681. Le Pouvoir n'avait pas encore
ce juste souci de la petite pêche que nous lui verrons bientôt; il lui
suffisait d'avoir satisfait l'opinion publique en édictant des lois qu'il
laissait ensuite volontiers violer, parce qu'il ne sentait pas toute
l'utilité de leur application. Cette négligence entraînera de graves
conséquences; car, lorsque le Pouvoir, plus éclairé sur l'importance
de ces questions, voudra appliquer les dispositions de l'immortelle
ordonnance du mois d'août 1681, il.se heurtera à des difficultés
insurmontables, et ne pourra déraciner l'abus dont il n'aura pas eu
la prudence de prévenir assez les funestes effets.

[1] Le Roi annonçait, par ce même article, qu'il ferait faire un règlement « pour
empêcher les abus qui se commettaient diversement et par différents moyens sur le fait
de la pêche, objet très important au public ». Ce règlement n'a point paru, à la vérité,
avant l'Ordonnance de la Marine; mais on voit par là que le Gouvernement commençait à sentir la nécessité d'établir enfin des règles protectrices d'une si utile
industrie.

[2] Archives du ministère de la marine : *Recueil d'arrêts, édits, déclarations, etc.,
depuis 1207 jusqu'en 1779.* L'ordonnance, datée du 14 mai dans les auteurs, porte aux
Archives la date du 14 mars.

VI.

La législation de 1681.

Avant d'exposer dans leur ensemble les règles contenues au titre III du livre V[1] de ce corps complet de législation maritime, il convient d'indiquer quelle modification nouvelle s'opéra dans la condition des rivages de la mer, en suivant la domanialité publique, dont nous avons vu le caractère se dessiner peu à peu, dans la dernière étape de son progrès sous l'ancienne monarchie.

Nous avons laissé le domaine public propriété *réelle*, mais *inaliénable* du Roi. De là, avons-nous dit, il n'y avait qu'un pas à faire pour parvenir à la saine théorie de la domanialité publique. Ce fut à l'époque de Louis XIV que fut enfin introduite dans notre Droit la distinction fondamentale entre les choses qui peuvent être l'objet d'un véritable *droit de propriété* au profit du Souverain, et celles qui, ne lui étant dévolues que *par le seul titre de sa souveraineté*, ne sont, en réalité, que placées sous sa garde et sa surveillance dans l'intérêt de tous; ce fut à cette époque qu'apparut enfin la distinction entre ce que nous appelons aujourd'hui le *domaine de l'État* et le *domaine public*. Cette distinction était en germe, depuis longtemps déjà, dans les écrits de divers jurisconsultes. Carondas[2], notamment, l'avait en vue lorsqu'il disait en parlant précisément du domaine public maritime : « Le Roi est *seigneur souverain* des mers qui s'étendent à l'entour de son royaume, par le moyen de ce qu'en *sa puissance est transféré tout le droit des choses communes et universelles par le droit naturel et des gens*[3] ». Mais elle ne se fit jour que dans le cours du XVIIe siècle.

A cette époque, la royauté, à l'aide des théories des légistes et des armes de ses soldats, était parvenue peu à peu à réduire sous son obéissance tous les alleux du royaume, grands et petits, féodaux et justiciers. *Omnia sunt regis*, dirent alors les domanistes, et ils firent, non sans peine toutefois, considérer le Roi comme *souverain fieffeux*

---

[1] Livre V : *De la pêche qui se fait en mer ; titre III : Des parcs et pêcheries.*

[2] Loys le Caron, savant jurisconsulte (1536-1617), ajouta à son nom celui de Charondas, célèbre législateur de l'antiquité qui florissait en Sicile vers 650 av. J.-C. et signa dès lors *Carondas le Caron*.

[3] Sur le *Code Henri*, livre XX, titre VII, art. 23.

du royaume. Ils n'osèrent pas, néanmoins, soutenir que la *directe*, c'est-à-dire la propriété de tout le royaume, appartenait au Roi; ils se bornèrent à prétendre que le Roi était propriétaire *non specialiter, sed in universo*, non pas dans son intérêt particulier, mais pour le bien commun [1]. Cette théorie fut appliquée aux biens du domaine public : c'était reconnaître que le Souverain n'avait sur eux qu'un droit de conservation, d'administration et de police, et non pas un droit de propriété réel, bien que non transmissible. Elle n'entraînait d'ailleurs, comme nous l'avons déjà fait remarquer, aucun changement pratique. Elle s'accentua rapidement sous l'influence du progrès des études de Droit romain. Dès le milieu du XVIIe siècle, Domat la formulait nettement dans son *Traité du Droit public* [2] en expliquant la nécessité de mettre des bornes à la liberté d'user de la chose de tous : « Il est du droit naturel, écrivait-il, que cette licence commune à tous, étant une occasion continuelle de querelles et d'une infinité de mauvaises suites, il y soit pourvu par quelque police; et il ne pouvait y en avoir de plus juste et de plus naturelle que de laisser au Souverain à pourvoir à ces inconvénients; car, comme il est chargé du soin du repos public, que c'est à lui qu'appartient la police de l'ordre de la société, et que ce n'est qu'en sa personne que peut résider le droit aux choses qui peuvent être communes au public, dont il est le chef, c'est à lui que cette qualité donne la dispensation et l'usage de ce droit pour le rendre utile au public. » C'est ce qu'exprimait encore Ferrière, lorsqu'il disait un peu plus tard [3] : « La propriété des choses publiques en France est au Roy, et l'usage à tous les peuples. » Et, à l'aurore de la Révolution, nous retrouvons cette même doctrine reproduite avec autorité dans les remontrances adressées à Louis XV par le Parlement de Bordeaux le 30 juin 1766 [4] : « Il y a des biens, lit-on dans ce document remarquable, appartenant en commun à la nation, tels que les rivières, les rivages de la mer..... dont la garde et la conservation est l'attribut de la souveraineté. Il n'était pas besoin de loi pour déclarer ces biens inaliénables parce qu'ils le sont par leur nature..... Ce

[1] Garboulean, *Du domaine public en droit romain et en droit français*, Paris, 1879.
[2] Livre I, titre VIII, section II, note sur le n° 1, folio 61.
[3] *La Jurisprudence du Digeste*, 1677, Droit français sur le titre VIII. — « Toutefois, ajoute ce jurisconsulte signalant la dérogation aux principes dont la pêche fluviale a toujours été l'objet, le droit de pêche dans les rivières n'est pas permis à tout le monde. »
[4] Dallor, *Répertoire méthodique*, au mot *Domaine public*.

n'est pas une vraie propriété dans la main du Souverain, mais plutôt un dépôt qui lui a été confié de la chose commune ou publique pour la conserver, pour la protéger, pour la rendre plus utile à tous ses sujets. »

Du reste, même dans les ordonnances des rois, et malgré des confusions de langage alors inévitables[1], on trouve parfois la trace de la doctrine qui voulait que le Roi fût considéré non à titre de seigneur foncier, mais par le seul titre de sa souveraineté, comme propriétaire des choses qui constituent le domaine public[2]. C'est ainsi que l'ordonnance d'avril 1683, qui explique et commente l'article 41 du titre XXVII de l'Ordonnance des eaux et forêts[3], déclare dans son préambule que « les grands fleuves et les rivières navigables appartiennent en pleine propriété au Roi et aux souverains *par le seul titre de leur souveraineté.* »

Si donc il existait encore, quand fut rendue l'Ordonnance de la marine, un manque de précision dans les termes, voire même dans les idées, les esprits, néanmoins, commençaient à saisir le caractère exact des droits du Souverain sur le domaine public. Ce progrès contribua sans aucun doute à la proclamation du principe de la

[1] Valin, dans son Commentaire, nous offre souvent des exemples de ces confusions. Plusieurs fois, il parle du Roi comme du propriétaire réel des rivages de la mer, et principalement sur l'article I, titre I, livre V, lorsqu'il considère à tort la liberté de la pêche proclamée par cet article comme une largesse du Souverain qui, prétend-il, « aurait pu se réserver l'usage exclusif de la mer et de ses rivages ou le céder à qui bon lui semblait de préférence à tous autres, s'il n'avait toujours été plus attentif au bien général de ses sujets qu'à ses intérêts propres. » — D'autre part, dans plusieurs passages (par exemple sur l'art. 2, tit. VII, et l'art. 6, tit. X du liv. IV) il n'attribue au Roi, sur la mer et ses rivages, qu'un droit de souveraineté; il estime *admirable* l'explication de Domat que nous avons rapportée et il la reproduit lui-même, en commentant ce même article Ier, titre I, livre V, sur la liberté de la pêche, lorsqu'il dit : « Il est de principe.... que ce qui n'est à personne en particulier, mais appartient à la République, c'est-à-dire à la Communauté d'un État souverain, est dévolu, de plein droit, au Prince dans un État monarchique, comme étant le chef de la nation et comme réunissant, à ce titre, en sa personne, tous les droits communs à la nation, *du nombre desquels est le domaine de la mer, et de toutes les côtes et grèves qui en sont baignées.* »
Il ne faut voir dans ces contradictions que l'effet nécessaire de la rencontre des idées anciennes avec celles qui se font jour.

[2] D'ailleurs le Prince ne laisse pas que de se déclarer souvent *propriétaire foncier* de ces choses : « Usant du droit de propriété, est-il dit dans le préambule de l'édit de février 1710 dont nous aurons l'occasion de parler plus loin, que nous avons sur les bords et rivages de la mer... et dont nous avons toujours joui comme seigneur foncier... »

[3] Ord. août 1669. Art. 41 : « Déclarons la propriété de tous les fleuves et rivières portant bateaux.... faire partie du Domaine de notre Couronne.... »

liberté de la pêche maritime, principe qui domine toute la législation inscrite au livre V de cette ordonnance. Nos rois, il est vrai, avaient toujours laissé à leurs sujets la liberté de la pêche en mer et sur les grèves, sans en exiger aucun tribut, sauf à l'égard des établissements permanents. Mais cette pratique n'avait jusqu'alors constitué qu'une simple faveur, que, rigoureusement, le Souverain, propriétaire foncier, pouvait arbitrairement retirer; tandis que, dans la doctrine naissante, elle devenait pour tous un droit qu'il ne pouvait pas annihiler, mais seulement *réglementer*, en vue d'en assurer, de la manière la plus utile à tous, le libre exercice[1]. C'est ce droit que consacre l'article 1er du titre I[2], et c'est cette réglementation que le livre V tout entier a pour but d'édicter.

Il faut l'avouer, une telle réglementation était opportune. Il était temps de réprimer les abus qui se commettaient partout. Si l'ordonnance de 1584 avait été exécutée, il n'eût dû rester sur les côtes que des pêcheries en filets datant au moins de 1544. Mais, bien au contraire, les parcs de pierres ou de bois s'étaient prodigieusement multipliés sur les grèves, grâce à l'incurie de l'autorité, et les seigneurs des fiefs voisins de la mer, toujours jaloux de s'attribuer le domaine direct sur son rivage, avaient continuellement affecté de bailler, à cens ou à rente, autant de portions de terrains sur les grèves, qu'ils trouvaient de gens disposés à y construire des *écluses* et des *bouchots*. Les écluses servaient à la pêche du poisson et en même temps à élever des huîtres. « Pour cet effet, dit Valin[3], on choisit de petites huîtres bien configurées que l'on trouve sur les grèves de la mer, à peu de distance du rivage. Placées ensuite dans ces écluses, au bout de 2 ou 3 ans, ce sont des huîtres de bonne grandeur et épaisseur : elles sont d'un goût exquis qui ne le cède qu'aux huîtres vertes élevées dans des claires ou mares », c'est-à-dire aux huîtres de Marennes, dont la réputation remonte aux premiers temps de notre histoire. Les bouchots, établis sur les terrains vaseux, et dont nous avons indiqué l'origine, servaient comme les écluses, à la pêche du

---

[1] Valin considère le droit de police et de réglementation du Souverain comme une réserve faite à son profit dans l'abandon à ses sujets de ses droits particuliers. Voir la note 1 de la page précédente.

[2] « Déclarons la pêche de la mer libre et commune à tous nos sujets, auxquels nous permettons de la faire, tant en pleine mer que sur les grèves, avec les filets et engins permis par la présente ordonnance. »

[3] Livre V, titre III, préambule.

poisson; mais leur usage particulier était consacré à élever des moules, comme celui des écluses l'était à élever des huîtres. « En moins de dix-huit mois, ajoute Valin, auquel nous empruntons ces renseignements, les petites moules qui y sont déposées deviennent beaucoup plus douces, plus grasses et plus saines que celles qui sont pêchées sur les grèves, et fournissent une récolte abondante qui, se renouvelant chaque année, suffit non seulement à la nourriture des gens du pays, mais encore à former des cargaisons entières de bâtiments pour les provinces voisines. »

Si les pêcheries émergentes n'avaient eu d'autre effet que de favoriser la production du coquillage et la capture du poisson adulte, on n'eût jamais songé à proscrire des établissements qui fournissaient un contingent considérable à l'alimentation des masses, et, dans un but d'intérêt général, on n'eût pas hésité, par leur maintien, à déroger au principe de la liberté de la pêche. Mais, outre que beaucoup d'écluses et de bouchots avaient été bientôt uniquement affectés à la capture du poisson et détournés ainsi de leur destination première d'élevage laquelle, seule, pouvait faire tolérer le privilège qu'ils constituaient, on n'avait pas tardé à en faire des instruments de gaspillage qui devaient infailliblement amener une stérilité absolue de nos côtes si l'on n'y portait remède. On y creusait des fosses pour y retenir l'eau, et, avec elle, le frai du poisson; on y adjoignait des filets, des nasses, des paniers d'osier qui arrêtaient à mer descendante le plus menu fretin; le possesseur, dont rien ne contenait la cupidité, en était venu à employer la quantité prodigieuse de menuise qu'il retirait de ses parcs à nourrir ses porcs, à engraisser ses volailles ou à fumer ses terres. Dans le même temps, des abus non moins regrettables s'introduisaient dans la pêche en bateau. Une rage de destruction semblait s'être emparée des pêcheurs : c'était à qui emploierait le filet aux mailles les plus étroites, ou à qui ravagerait plus complètement les frayères au moyen d'engins traînant sur les fonds. Aussi, les plaintes ne cessaient-elles de s'élever au sein des populations maritimes, réclamant avec force la fin d'un état de choses qui compromettait gravement les ressources que celles-ci tiraient de l'exploitation des eaux. Colbert, toujours soucieux du bien général, et pénétré de l'importance des intérêts qui se rattachent à la pêche côtière, résolut enfin d'enserrer dans des règles étroites l'emploi des divers engins de capture, et d'anéantir les pratiques abusives dont l'ordonnance de 1584 avait été impuissante à arrêter le progrès.

La pêche maritime étant libre, il en résulte que nul, seigneur, gouverneur ou fonctionnaire (art. 9 et 10 du titre III), pas même l'État en la personne du Roi, ne peut s'attribuer sur la mer ou sur les grèves un droit permanent et exclusif, ni par suite y former un établissement qui restreindrait le droit de la Communauté, ou en concéder une partie moyennant finances, ou lever aucun droit sur ceux qui se livrent à cette industrie. Un tel privilège ne saurait être toléré qu'autant que ceux qui le revendiquent sont fondés en titres valables ou en possession suffisante pour s'y faire maintenir. Aussi, l'auteur de l'ordonnance, tirant dans le titre III les conséquences du principe par lui posé, et passant à son application, remet-il purement et simplement en vigueur l'ordonnance inexécutée du mois de mars 1584[1]. Seulement, d'une part, le législateur de 1681 se montre moins rigoureux que celui de 1584. Ce dernier condamnait, en effet, à la démolition tous parcs et pêcheries de formation postérieure à 1544, sans aucune distinction des matériaux dont ils étaient faits, et il ne tolérait le maintien de ceux qui étaient antérieurs à cette date qu'à la condition que ni bois ni pierre n'entrât dans leur construction. Celui de 1681, au contraire, ne détruit (art. 4) ou ne défend pour l'avenir (art. 8) que ceux dans la construction desquels il entre du bois ou de la pierre; il autorise formellement (art. 1) les parcs de filets connus sous les noms de *hauts* et *bas parcs, ravoirs, courtines* et *reuels*, qui offrent peu d'inconvénients au point de vue de la conservation du frai et ne constituent d'ailleurs que des établissements temporaires; il supprime enfin la condition mise au maintien des pêcheries remontant au delà de 1544[2]. D'autre part, ce même législateur supplée à l'insuffisance de l'édit de 1584 en précisant avec le plus grand soin, dans l'intérêt de la conservation des espèces, les conditions que devront réaliser, dans leur installation, les pêcheries conservées. Plusieurs articles sont consacrés à ces

[1] Article 4 : « Les parcs dans la construction desquels il entrera bois ou pierre seront démolis, à la réserve de ceux bâtis avant l'année 1544, dans la jouissance desquels les possesseurs seront maintenus, conformément aux articles 84 et 85 de l'ordonnance du mois de mars 1584, pourvu qu'ils soient construits en la manière ci-après. »

[2] Ces pêcheries ne sont d'ailleurs conservées que sous la réserve des intérêts de la navigation que contient l'article 11, et dont nous parlons plus bas.

mesures de détail essentielles à la prospérité de la pêche côtière. Les articles 2, 5 et 17 concernent les pêcheries temporaires; ils disposent notamment que le bas du filet ne doit pas être enfoui dans le sable ou la vase, afin que le petit poisson puisse s'échapper, et ils règlent la dimension de ses mailles. D'après l'article 5, les écluses doivent avoir dans le fond, du côté de la mer, une ouverture de 2 pieds de largeur qui ne doit être fermée qu'au moyen d'une grille en bois à mailles d'une certaine grandeur. Cette ouverture, pour les bouchots, ne peut être fermée d'aucune façon, du 1ᵉʳ mai au 31 août, (art. 6). Enfin, l'article 7 est relatif aux parcs de bois et de filets : ils doivent avoir aussi une ouverture de 2 pieds de largeur qui ne peut être fermée que d'un filet à mailles de certaine dimension.

De plus, l'ordonnance de 1681 comblant une autre lacune de celle de 1584, indique quelles seront les preuves qui seront admises pour la justification d'un droit permanent et exclusif sur une portion quelconque de la mer ou de ses rivages, que ce droit s'exerce par l'exploitation au profit de celui-là même en qui il réside, ou par la cession qu'il en fait à d'autres, moyennant redevance[1]. Et ici les prescriptions de 1681 aboutissent à une législation plus rigoureuse ou moins rigoureuse que celle de 1584, suivant que l'on considère les pêcheries antérieures à 1544 ou celles dont la formation est plus récente.

L'article 9 du titre III, qui n'a fait que rajeunir l'article 451 de l'ordonnance de 1629, est en effet conçu comme suit : « Faisons défenses aux seigneurs des fiefs voisins de la mer, et à tous autres, de lever aucun droit, en deniers ou en espèces, sur parcs et pêcheries, et sur les pêches qui se font en mer ou sur les grèves; et de s'attribuer aucune étendue de mer, pour y pêcher à l'exclusion d'autres, sinon en vertu d'aveux et dénombrements reçus en nos Chambres des Comptes avant l'année 1544, ou de concession en bonne forme, à peine de restitution du quadruple de ce qu'ils auront exigé, et de quinze cents livres d'amende. »

Deux choses ressortent de ce texte. En premier lieu, tout bénéficiaire d'un établissement de pêche, *même de construction postérieure à 1544*, sera maintenu dans son privilège s'il représente à l'appui de sa possession un acte de concession du Roi en bonne et

---

[1] Valin, titre III, préambule.

due forme [1]. L'Édit de 1584 prononçait au contraire la démolition de toute pêcherie, sans distinction, et par suite *même autorisée*, postérieure à 1544. En second lieu, on n'est admis à faire la preuve d'une possession remontant au delà de 1544, à défaut de titres authentiques de concession du Roi, qu'au moyen d'aveux et de dénombrements reçus par les Chambres des Comptes avant cette année 1544. L'*aveu*, comme le *dénombrement*, était un acte que le vassal était obligé de remettre à son seigneur dans les quarante jours qui suivaient la cérémonie de l'*hommage*, et qui contenait l'énumération de toutes les terres et de tous les droits qu'il en tenait. Le seigneur avait aussi quarante jours pour *blâmer* la déclaration de son vassal, c'est-à-dire pour en constater l'inexactitude et en demander la rectification [2]. Tout vassal du Roi était donc tenu d'adresser à ses mandataires, les Chambres des Comptes, la liste des droits qui lui étaient concédés, et l'on comprend que ces aveux et dénombrements, une fois vérifiés et approuvés par elles, pussent constituer des titres probants et remplacer les actes mêmes de concession disparus dans les guerres civiles, ou équivaloir à une concession qui n'avait pas été donnée, en reconnaissant officiellement au nom du Roi une possession jusque-là sans base [3].

---

[1] Mais, comme nous l'avons observé, la concession postérieure à 1544 n'en reste pas moins essentiellement révocable.

[2] Chéruel, *Dictionnaire historique des institutions, mœurs et coutumes de la France.*

[3] Valin prétend (titre III, art. 9) que, pour qu'ils soient valables, il est nécessaire que ces aveux et dénombrements énoncent ou du moins présupposent clairement des actes de concession du Prince. Nous donnons une solution contraire; car l'article 9 est conçu en termes absolument généraux et formels : « en vertu d'aveux et de dénombrements reçus en nos Chambres des Comptes avant l'année 1544. » L'observation judicieuse de l'auteur du mémoire pour feu M. le comte de Toulouse contre madame la duchesse de Lesdiguières » rapportée par Valin lui-même au titre des *Naufrages* vient à l'appui de notre opinion. « Des aveux et des dénombrements peuvent bien servir au défaut de la première investiture pour régler les droits des fiefs entre le vassal et le suzerain, mais non pour décider des droits royaux entre le Prince et le sujet. C'est inutilement qu'on comprendrait dans des aveux des droits qui ne dépendent point du fief et qui ne sont point présumés cédés par le Roi, si l'on n'en rapporte l'acte de cession en bonne forme, enregistré en la Chambre des Comptes; en sorte que, quand, par négligence ou par facilité, les officiers du Roi auraient laissé passer un droit de cette qualité dans des aveux et dénombrements, cela ne serait point un titre contre le Roi, les aveux ne pouvant établir qu'une possession, et toute possession étant inutile où il faut un titre exprès. » C'est bien dire que si le droit n'est pas régalien, il est *réputé avoir été concédé*. — Les droits régaliens (droit de battre monnaie, de lever des impôts, de ... la guerre, de rendre justice, etc.) étaient reconnus imprescriptibles de leur nature : « Non valet possessio, quamlibet continuata, ad obtinendam possessionem in materia regalium. » (D'Argentré, *Coutume de Bretagne*, art. 55.)

Il résulte donc de l'article 9 qu'il n'est laissé aucun moyen de preuve à la simple possession non autorisée, *au moins implicitement*, par les Chambres des Comptes et que, contrairement à ce qui ressortait de l'article 85 de l'ordonnance de 1584, ayant comme après 1544, et si longue qu'elle ait pu être, il n'en est tenu aucun compte[1].

Du reste, cela n'a guère d'intérêt qu'au point de vue théorique : car, s'il était facile, en 1584, même par actes privés, de prouver une possession remontant au delà de 1544, cette preuve, un siècle plus tard, en 1681, est, on le conçoit, à peu près pratiquement impossible par tout autre mode que la présentation de titres publics. Cette dernière preuve elle-même offre de grandes difficultés : les actes de concession ont été détruits en grand nombre, et les Chambres des Comptes ont souvent laissé sans vérification et sans approbation effectives les aveux et les dénombrements. Le législateur le savait bien : et c'est avec intention, et dans l'intérêt de la liberté de la pêche, que, selon Valin, il a négligé de tenir compte, tout en la prévoyant, de la difficulté que trouveraient les possesseurs des écluses et des bouchots à faire preuve d'une possession assez ancienne pour remonter au delà de l'année 1544.

Démolition sans indemnité[2] de toutes les pêcheries non autorisées en pierres ou en bois, antérieures ou postérieures à 1544, et interdiction formelle d'en construire à l'avenir : tel est donc, en un mot, le régime établi par notre ordonnance.

Bien que dans ces matières, l'intérêt de la pêche ait été sa préoccupation principale, le législateur n'a eu garde cependant de négliger celui de la navigation. Au titre VII du livre IV intitulé : *Du Rivage de la Mer*, après avoir, dans l'article 1er, fixé par une définition justement célèbre les limites du rivage, pour le mieux défendre à l'avenir contre tout nouvel empiètement des seigneurs riverains, il a fait,

---

[1] Valin (titre III, art. 4) prétend le contraire. Mais c'est l'effet d'une distraction. On ne peut prouver l'ancienneté de sa possession que par des titres constituant ou supposant une autorisation. Ce n'est donc pas la longue possession, mais l'autorisation expresse ou présumée, à une époque où le domaine maritime n'avait pas encore été reconnu inaliénable, qui confère le droit au maintien d'une pêcherie.

[2] Il est bien entendu d'ailleurs, comme le dispose en toute justice l'art. 13 après l'édit de 1584, que le détenteur d'une pêcherie à demeure dont la démolition est ordonnée soit pour n'être pas suffisamment ancienne, soit comme nuisible à la navigation par application des articles 11 et suivants, demeure déchargé de plein droit de toutes les rentes et redevances seigneuriales ou royales qu'il devait à l'occasion de cette même pêcherie.

dans l'article 2, « défenses à toutes personnes de bâtir sur les rivages
de la mer, d'y planter aucuns pieux ni faire aucuns ouvrages qui
puissent porter préjudice à la navigation, à peine de démolition des
ouvrages, de confiscation des matériaux et d'amende arbitraire. »
Cette disposition générale eût été, à elle seule, suffisante pour assurer
le libre accès des grèves et de la mer; mais le législateur a cru
devoir édicter des mesures plus étroites à l'égard des établissements
de pêche, plus capables que tous autres de créer des embarras à la
navigation. Il dispose, dans les articles 11 et suivants du titre III
que les parcs et bouchots, ainsi que les guideaux, et par suite,
comme l'observe Valin sur l'article 13, toutes sortes de pêcheries
en pierres, bois ou filets, ne pourront être ou rester en aucun cas
installés dans le passage ordinaire des vaisseaux, ni à 200 brasses
près, sous peine de démolition, amende, confiscation des filets, etc.
Les écluses et les bouchots, notamment, qui se trouveront construits
à l'embouchure des rivières navigables ou sur les grèves de la mer,
à cette distance de 200 brasses et au-dessous, seront démolis sans
indemnité [1] aux frais des propriétaires, *lors même qu'ils auraient été
bâtis avant* 1544, parce que ces pêcheries, étant jugées nécessairement nuisibles à la navigation en raison de leur situation, ne pourraient être conservées de quelque ancienneté que fût leur établissement, fût-il même appuyé d'un acte de concession du Roi en
bonne forme, cette concession, en pareil cas, dit le Commentateur,
n'ayant pu être obtenue que par surprise.

Le titre III du livre V concerne les parcs et les pêcheries ordi-
naires. Le titre IV contient une réglementation particulière pour les
pêcheries immergées, établies sur les côtes de la Méditerranée sous
les noms de *bordigues* et de *madragues*. L'ordonnance de 1584 ne
s'en était pas occupée et n'avait pas eu à s'en occuper, du moins
pour ce qui est des madragues, lesquelles étaient alors inconnues
sur notre littoral. Si nous avons constaté l'existence des bordigues
dès le XIe siècle et dans les siècles suivants, nous avons, en effet,
remarqué que les madragues, au contraire, avaient disparu de nos
côtes, depuis la chute de l'Empire romain, avec la pêche du thon.
Dans la suite, on avait bien repris la pêche de ce scombre; mais on

---

[1] C'est ainsi qu'un arrêt du Conseil d'État du Roi du 4 août 1762 débouta une dame
de Montréal de sa demande d'indemnité pour la suppression d'une pêcherie qui avait
été cependant maintenue par arrêt du 17 mai 1718.

avait exclusivement employé le procédé de la *cerne*, consistant à envelopper la bande de thons avec plusieurs cercles d'immenses filets mobiles qu'on hale ensuite sur la plage, procédé qui donnait d'ailleurs d'excellents résultats[1]. Cependant les madragues n'avaient pas cessé vraisemblablement d'exister depuis les temps anciens sur le littoral de la péninsule Ibérique, et ce voisinage eût dû, de bonne heure, provoquer chez nous la renaissance de ce puissant moyen de capture. Ce ne fut pourtant qu'en 1603 que l'industrie des madragues fut importée d'Espagne sur notre littoral méditerranéen.

« Antoine de Boyer, lit-on dans un opuscule intéressant[2], seigneur de Bandol, gouverneur de Notre-Dame de la Garde de Marseille, prit part aux guerres contre les ligueurs provençaux, comme lieutenant du terrible gouverneur de Provence, duc d'Épernon. Ayant acquis sans doute quelques notions sur les madragues d'Espagne, il se fit passer pour l'inventeur de ces pêcheries et, soit comme récompense de sa prétendue découverte, soit pour les services qu'il avait rendus, Henri IV, en 1603, lui octroya le privilège d'établir des madragues *pour la pêche des thons aux mers du Levant depuis La Ciotat jusqu'à Antibes*. Après neuf années d'une entière franchise, les madragues du seigneur de Bandol furent soumises à une redevance de 2 écus d'or sol, charge dérisoire (environ 30 francs de notre monnaie actuelle), mais qui, stipulée dans l'acte de concession, consacrait un droit à perpétuité pour Antoine de Boyer et ses héritiers[3]. » Ces pêcheries privilégiées ne tardèrent pas à susciter de vives réclamations[4]. Les pêcheurs les accusaient de causer un notable préjudice à la petite pêche en restreignant le champ de son action; ils s'élevaient surtout contre la défense de pêcher à une cer-

---

[1] Cette méthode était encore très usitée, lorsqu'à la fin du siècle dernier Duhamel du Monceau écrivit son *Traité général des pêches*. Il a décrit la pêche qu'on faisait à Collioure en Roussillon et qui était renommée comme l'une des plus productives; il cite des pêches extraordinaires de 16,000 jeunes thons de 20 à 30 livres chacun.

[2] Michel Masse, *Mémoire historique et statistique sur le canton de La Ciotat*, Marseille, 1842.

[3] Il faut remarquer que cette concession à *perpétuité* était absolument contraire au principe de l'inaliénabilité du Domaine.

[4] En 1630, la communauté des pêcheurs de la Ciotat prit à partie une des madragues du seigneur de Bandol. Procès s'en suivit: l'avocat d'Antoine de Boyer peignit, avec quelque raison sans doute, les adversaires de son client comme des jaloux qui cherchaient à imprimer dans l'esprit de la population cette idée que le Roi n'était point le maître des mers et que, par conséquent, il ne pouvait concéder le monopole de la pêche du thon avec des filets spéciaux.

taine distance dans le voisinage des madragues; et, pour se soustraire aux immunités dont elles jouissaient et satisfaire leur jalousie,
leurs prud'hommes demandèrent l'autorisation d'en établir eux-
mêmes ou d'en prendre en ferme. Ils rachetèrent même dans la
suite, en acquérant ces pêcheries à prix d'argent, l'espace de mer
que leur création leur avait enlevé. Il fut fait en partie droit à leurs
réclamations. Ainsi Louis XIII, par des lettres patentes datées
de 1633, leur concéda les madragues de l'Estaque dans la baie de
Marseille, et celle de Morgiou à l'entrée de la calenque de ce nom[1].
Le Roi d'ailleurs n'en continua pas moins de faire de nouvelles concessions au profit des seigneurs[2].

L'auteur de l'Ordonnance de la marine, dans sa réglementation
minutieuse de tout ce qui avait rapport à la pêche, ne pouvait se
dispenser de prendre à l'égard d'établissements qui soulevaient tant
de conflits, les mesures qu'il jugeait nécessaires à la sauvegarde des
intérêts privés ou publics qu'ils étaient capables de froisser. Il n'y
avait pas lieu, du reste, de se montrer aussi sévère pour les madragues
et les bordigues que pour les pêcheries émergentes. En effet, elles
n'ont pas d'action ou n'ont qu'une action très minime sur le frai du
poisson; elles ne peuvent guère nuire que par le lieu où elles sont
situées et le droit exclusif qu'elles comportent sur une portion du
domaine maritime; il n'y avait donc à protéger contre elles que la
sûreté de la navigation et la liberté de la pêche. L'ordonnance y a
très bien pourvu en disposant (art. 1er) que nul ne pourrait poser des
madragues en mer ou y construire des bordigues sans une permission
expresse du Roi, et il reste entendu que cette permission est essentiellement révocable. Comme pour les parcs et bouchots, le cas est prévu
d'ailleurs où cette permission aurait été obtenue par surprise : les
madragues et les bordigues placées dans les ports, ou dans tout lieu
non éloigné de 200 brasses au moins du passage ordinaire des vaisseaux, seraient alors, en vertu de l'art. 4, comme les parcs et bouchots en vertu de l'art. 11 du titre III, inévitablement démolies. Ces
mesures sont complétées par des prescriptions de détail. Obligation
est imposée aux propriétaires de madragues de signaler leurs pêcheries par des bouées (art. 3) et de ne s'opposer en rien à la pêche dans

[1] S. Berthelot, *Études sur les pêches maritimes.*
[2] On en peut voir des exemples dans les *Études sur les pêches maritimes* de M. Berthelot.

le voisinage de leurs établissements, dont les autres pêcheurs ne peuvent, d'ailleurs, approcher qu'à une certaine distance (art. 5). Quant aux propriétaires et fermiers des bordigues, ils doivent en curer annuellement les fosses et canaux pour la facilité de la navigation (art. 6)[1] et les tenir ouvertes depuis le dernier mars jusqu'au dernier juin, c'est-à-dire pendant la saison du frai, afin que le petit poisson puisse s'échapper.

En même temps que Colbert pose ces règles solides pour contenir dans de justes limites la pêche sédentaire, toujours prompte à l'abus, il ne néglige pas la pêche en bateau dont les pratiques destructives — qui, jusqu'alors, n'avaient été maîtrisées par le frein d'aucun règlement, — avaient, nous l'avons dit, contribué pour beaucoup à l'amoindrissement de la production maritime. Il n'hésite pas à frapper de prohibition absolue l'emploi de tous filets traînants (titre III, art. 16); il va plus loin, il en défend même (art. 17) la fabrication et la vente, à peine de 25 livres d'amende. Il autorise, il est vrai, l'emploi de la *dreige* ou *drague* (art. 1, titre II); mais cet engin que l'ordonnance de 1584, en raison d'abus qui s'étaient produits, n'avait permis que pour la pêche de l'huître, ne constituait pas à cette époque un filet *traînant*, et la manière d'en user alors était incapable de nuire à l'empoissonnement des côtes. Dans la suite, la manière de s'en servir devint si abusive que non seulement le poisson du premier âge, mais le frai même du poisson s'y trouvait pris sans pouvoir s'échapper, ce à quoi vint remédier la déclaration du 23 avril 1726, par une interdiction absolue. On ne peut faire la même observation en ce qui concerne le *ganguy*, le *bregin* et le *marquesèque*, dont l'art. 13, titre II, semble cependant autoriser l'emploi pendant la majeure partie de l'année. Mais l'explication que l'on trouve partout de ces mots porte à croire, avec Valin, qu'il y a erreur dans le texte de cet article, de la manière qu'il est conçu, quoiqu'il soit le même dans toutes les éditions[2]. Enfin les dimensions des mailles et

[1] Emerigon, dans son Commentaire de l'Ordonnance de la marine, a imaginé une explication bien extraordinaire de cette disposition. Il prétend qu'elle a été prise « crainte que ces bordigues en contractant l'odeur du poisson, qui de soi est très puant, particulièrement quand il est vieux pêché, n'empuantissent l'air du voisinage. »

[2] Delamarre rapporte cet article différemment et en termes mieux assortis dans son *Traité de la police*, tome III, livre V, titre XXVI, chapitre 4. « Défendons de faire la pêche avec le *ganguí* ou le *bregin* et le *marquesèque*, ou de pêcher le nonnat, etc... »

la forme des divers filets, la manière, le lieu, le temps de leur emploi, tout est soigneusement prévu dans les divers articles du titre II.

Toutes ces prescriptions relatives à la pêche sédentaire, ou à la pêche en bateau, sont d'ailleurs sanctionnées par de fortes pénalités. Les parents et les maîtres sont déclarés responsables non seulement des réparations civiles, mais même des amendes encourues par leurs enfants ou leurs domestiques (art 19, titre III); il est enjoint (art. 21) aux officiers de l'Amirauté de faire détruire tous engins prohibés, et de se transporter, sous peine d'interdiction de leurs charges, tous les mois sur les côtes, et de temps en temps dans les maisons des pêcheurs ou autres riverains de la mer, pour rechercher et poursuivre toute contravention aux prescriptions de l'ordonnance.

C'est par cette réglementation énergiquement conçue que l'illustre ministre avait su concilier les intérêts privés avec le bien général. Fier de son œuvre, il dut en espérer les meilleurs résultats et entrevoir que, dans un avenir rapproché, la petite pêche serait ramenée à la prospérité, fournirait de plus gros contingents à la marine militaire et procurerait l'aisance aux classes laborieuses, si intéressantes, du littoral. Et cependant, s'il eût voulu et s'il eût pu, seulement cinquante ans plus tard, constater les bienfaits de sa législation, quelle déception n'eût-il pas éprouvée ? L'Ordonnance de la marine ne reçut jamais, en effet, en matière de pêche côtière, qu'une exécution très incomplète, malgré le nombre considérable d'ordonnances, de déclarations, d'arrêts du Conseil qui vinrent dans la suite l'interpréter ou la modifier, et qui sont la preuve que nos rois témoignèrent dès lors le plus grand intérêt à ces importantes questions. D'une part, par suite des réclamations incessantes des pêcheurs, de l'apparition de plusieurs engins nouveaux et aussi de nouveaux abus, la législation des filets traînants fut bientôt revisée et revêtit un tel caractère de variabilité que la pêche en bateau ne fut plus, en fait, assujettie à aucune règle. D'autre part, le zèle des officiers de l'Amirauté en matière de pêcheries vint se heurter à des difficultés pratiques presque insurmontables, et, bien que leur réglementation eût gardé une fixité absolue, elle n'amena, en somme, la démolition que d'un très petit nombre d'écluses ou de bouchots, ce que nous allons essayer d'exposer.

VII.

L'application de l'Ordonnance de la marine.

Au nombre des parcs de pêche qui couvraient les grèves en 1681, il en était bien peu pour lesquels on fût à même de justifier de la condition mise à leur conservation légale, car, nous l'avons vu, c'était seulement à partir de 1544 que s'était répandu l'usage des pêcheries en pierre ou en bois, c'est-à-dire des pêcheries désormais proscrites. Mais, sans remonter au delà de 1544, l'origine de beaucoup de parcs alors existants datait d'une époque déjà ancienne. Or, depuis leur création, grâce à l'inexécution des prescriptions de l'ordonnance de 1584 et à la tolérance qu'on avait montrée à l'égard de leur établissement illégal, ils n'avaient pas cessé d'être considérés, avec ceux qui étaient antérieurs à 1544, comme de véritables propriétés. Ils avaient été constamment dans le commerce et avaient passé de main en main à titre successif, onéreux ou gratuit. Cette longue possession, appuyée sur des transmissions multipliées, avait donc consacré en fait le maintien de ces envahissements du domaine public. Elle ne valait rien sans doute aux yeux de la loi, car elle n'avait pu fonder une véritable prescription d'une chose imprescriptible; mais elle valait beaucoup, on le conçoit, aux yeux de l'équité, car on ne pouvait sans blesser manifestement celle-ci, évincer sans indemnité les détenteurs qui, dans l'ignorance du vice originel de la possession de leurs auteurs, avaient acquis ou reçu leurs pêcheries avec une entière bonne foi, en se conformant à un usage, incapable sans doute d'abroger la loi[1], mais dont, néanmoins, on ne pouvait annuler

---

[1] Il faut remarquer que le simple usage n'a jamais, en France, abrogé la loi comme à Rome. « Que partout où il n'y a pas de droit reconnu, disait déjà Charlemagne dans ses Capitulaires, on suive la coutume, mais qu'elle ne soit pas préférée à la loi : « *Placuit inserere ut ubi lex erit praecellat consuetudini et ut nulla consuetudo superponatur legi.* » M. Walker (*Collection complète des lois*, etc. Introduction), se fondant sur une loi rendue vers 319 par Adrien, soutient que l'abrogation des lois par l'usage n'était point admise dans le dernier état du droit romain, et avance qu'elle ne pouvait raisonnablement l'être en France, alors que les rois étaient investis d'un pouvoir législatif semblable à celui des empereurs de Rome. « L'ordonnance de 1629, dit-il, ne résiste pas à cette conclusion : en prescrivant par son article premier l'exécution de toutes les ordonnances non *spécialement* révoquées et abrogées par usage contraire *reçu et approuvé de nos prédécesseurs et de nous*, elle fait assez connaître que l'usage n'avait de force pour abroger la loi qu'autant qu'il était sanctionné par la puissance législative, et la spécialité de cette sanction empêche d'admettre qu'elle pût être implicite. »

l'influence. Le *summum jus*, ici, aurait été, plus que partout ailleurs, la *summa injuria*. Aussi, la résistance quasi légitime des occupants menacés d'éviction créa-t-elle aux efforts des procureurs et autres officiers de l'Amirauté des difficultés morales d'exécution si grandes que Louis XIV, dans un édit de février 1710[1], prit la curieuse résolution de confirmer purement et simplement dans leur possession ces détenteurs irréguliers. « Considérant, est-il dit dans cet acte, qu'il y a des particuliers qui s'attribuent sur les rivages de la mer des droits *dont eux ou leurs auteurs* se sont mis en possession de leur autorité privée, et desquels ils jouissent par usurpation et sans titre, nous avions pris la résolution, usant du droit de propriété que nous avons sur les bords de la mer et dont nous avons toujours joui comme seigneur foncier, suivant les us et coutumes de la mer, de réunir ces droits à notre Domaine; mais, ayant considéré que cette réunion *pourrait faire un tort considérable* à ceux qui l'auront faite, cela nous a fait prendre le parti de les confirmer seulement en leur possession et jouissance en nous payant deux années desdits biens et droits ou le dixième de la valeur à notre choix. »

C'en était fait des dispositions de l'ordonnance de 1681. Un arrêt du Conseil du 1er mai 1718 vint bien reconnaître peu après que tous les possesseurs de domaines et droits domaniaux, soit par engagement, soit à titre incommutable ou autrement, seraient tenus de rapporter leurs titres par-devant les intendants et les commissaires départis dans les provinces; mais cet arrêt ne s'appliquait point aux droits maritimes et ne remit point en vigueur les prescriptions de l'Ordonnance de la marine; elles étaient déjà tombées dans l'oubli. Heureusement pour elles, le dépeuplement déjà si grand de notre littoral ne tarde pas à prendre des proportions plus inquiétantes encore et à éveiller de nouveau l'attention du Gouvernement. Il faut aviser. On réforme d'abord la pêche avec filets mobiles ou sédentaires; on prohibe surtout les engins traînants. Les déclarations et les arrêts du Conseil se succèdent rapidement de 1726 à 1729[2]. Mais

---

[1] Archives du ministère, *Recueil d'arrêts, d'édits*, etc. Nous avons modifié un peu ce texte pour en présenter la teneur en quelques lignes.

[2] Citons les principaux insérés dans Valin :

23 avril 1726. Déclaration pour le rétablissement de la pêche du poisson de mer et la conservation du frai, prohibant tous filets traînants et les bateaux sans quille dits *pêcheurs*. Sont compris sous le nom de *frai* tous les petits poissons nouvellement éclos et qui n'auront pas trois pouces de longueur au moins entre l'œil et la queue (art. 31). Il ne

on s'aperçoit bientôt que les filets ne sont pas la cause la plus effective du mal, et on se résout enfin à prendre de nouvelles mesures contre les pêcheries permanentes qui dévastent la mer.

En 1728, par un mémoire du 1er juin en forme d'instruction, Louis XV charge le sieur Le Masson du Parc, commissaire de la marine et inspecteur des pêches du poisson de mer, de faire la visite des parcs et pêcheries situés sur les côtes des amirautés des Sables-d'Olonne, de Nantes, de Vannes et de Quimper, et d'en vérifier le nombre et la situation. Cette enquête produit des résultats édifiants. Il résulte de l'état dressé par le sieur Le Masson du Parc que, sur les grèves de la seule amirauté des Sables-d'Olonne, il y a 61 parcs ou pêcheries exclusives : dont 37 parcs de pierre ou écluses appartenant à différents particuliers, seigneurs ou ecclésiastiques, sur lesquels 33 sont en exploitation ; et 24 parcs de clayonnage ou bouchots, dont 22 appartenant au sieur Henri Gazeau de la Brandasnière, baron de Champagné, et 2 au seigneur évêque de Luçon. Le Roi, en son Conseil, ordonne alors (arrêt du 22 mai 1732)[1] « pour empescher la destruction du frai et du poisson du premier âge, que les articles 84 et 85 de l'ordonnance de 1584 et ceux du titre VIII du livre V de l'ordonnance de 1681 soient exécutés selon leur forme et teneur ; qu'en conséquence, tous les parcs dans lesquels il entre bois ou pierres et toutes pêcheries exclusives, comme bouchots, écluses, et autres, connus sous tels noms et dénominations que ce puisse être, situés sur les côtes de la province de Poitou et isles adjacentes seront démolis, à la réserve de ceux dont l'existence ou la propriété sera justifiée, conformément à ce qui est prescrit par ladite ordonnance de 1681, et que tous ceux qui prétendent avoir droit de parcs, bouchots, écluses

---

peut être pêché, enlevé ou vendu, sous quelque prétexte que ce puisse être, qu'il s'appelle *blanchemelle, menuise, saumonelle, guildre, manne, semence,* ou qu'il ait toute autre dénomination (art. 28 à 30).

2 septembre 1725. Déclaration qui défend la pêche du poisson appelé *blanche* ou *blacquet,* laquelle se fait dans les parcs avec un filet à très petites mailles nommé *harenneau.*

24 décembre 1725. Déclaration qui réitère les défenses portées par celle du 2 septembre pour la conservation du frai du poisson.

11 janvier 1727. Arrêt qui permet et règle sévèrement l'usage des bateaux nommés *acons* pour les bouchots des côtes d'Aunis.

18 mars 1727. Déclaration concernant la pêche du poisson de mer en Languedoc.

20 décembre 1729. Déclaration concernant les hauts et bas parcs.

Ces deux dernières déclarations sont rapportées dans la *Collection* de Walker.

[1] Arrêt du 2 mai 1739, préambule. Valin, tome II, p. 760.

et autres pêcheries exclusives, connues sous tels noms et dénominations que ce puisse être sur lesdites côtes de la province de Poitou et isles adjacentes, seront tenus d'en représenter les titres dans l'espace de trois mois..... »

Ces prescriptions sont exécutées au moins partiellement. Un arrêt du 10 décembre 1732 maintient, en effet, l'évêque de Luçon, en vertu des titres par lui représentés à l'intendant de la généralité de Poitiers, dans le droit d'avoir et de construire[1] des bouchots, et d'en laisser construire ou exploiter moyennant cens ou rente. Un autre arrêt du 10 septembre 1735 reconnaît le même droit au baron de Champagné. D'ailleurs, la mesure relative à la présentation des titres n'est pas rigoureusement appliquée, car un arrêt du 8 septembre 1736 proroge encore de 6 mois le délai fixé *à 3 mois en* 1732, avec clause formelle, il est vrai, que cette prorogation est bien la dernière, et que ce nouveau délai expiré, les intéressés qui n'auront pas produit leurs titres « seront déclarés déchus du droit de parcs, bouchots, écluses, et autres pêcheries exclusives, et comme tels, évincés de la propriété desdites pêcheries ». Ce n'est néanmoins que trois ans plus tard, par l'arrêt du 2 mai 1739, que cette déchéance est prononcée : « Les 37 parcs de pierre, gords ou écluses, ci-après marqués, dispose l'article 1er de cet acte, seront détruits par les propriétaires d'iceux, dans un mois, du jour de la publication du présent arrêt ; et faute par eux d'y satisfaire dans ledit temps, icelui passé, veut Sa Majesté qu'ils soient démolis aux frais et dépens desdits propriétaires. » Ainsi, aucun des possesseurs d'écluses de l'amirauté des Sables-d'Olonne n'avait pu justifier d'une possession antérieure à 1544. En même temps qu'il ordonne la destruction de toutes les écluses de cette amirauté, l'arrêt confirme à l'évêque de Luçon et au baron de Champagné la faculté d'avoir des bouchots sur les côtes de leurs seigneuries, mais en les soumettant à de minutieuses condi-

---

[1] La faculté conservée et confirmée par l'arrêt du 2 mai 1739, à l'évêque de Luçon comme au baron de Champagné, de construire de nouveaux bouchots semble une violation de l'article 8, dont on n'aperçoit pas le motif. Il faut croire que cet article n'était pas applicable — ce qui d'ailleurs n'était que logique — quand l'intéressé justifiait, conformément à l'art. 9, du *domaine direct* du rivage contigu à sa seigneurie. Ce fut sans doute le cas de l'évêque de Luçon et du baron de Champagné. Au contraire, le jugement du 22 avril 1744 maintint bien le seigneur de Charon dans la possession de ses bouchots, mais lui fit défense expresse d'établir d'autres pêcheries à l'avenir, ce qui porte à supposer qu'il ne justifia que de son droit sur lesdits bouchots, mais non de la propriété des grèves de sa seigneurie.

tions d'installation en vue de la conservation du fretin[1]. Il renouvelle aussi toutes les prescriptions des ordonnances en matière de pêcheries et enjoint aux officiers de l'amirauté des Sables de se transporter, un mois après sa publication, le long des côtes de leur ressort, pour rechercher toutes infractions aux règlements sur la pêche maritime et, spécialement, pour constater l'état des 24 bouchots maintenus et celui des 37 écluses condamnées à démolition. Faute par les propriétaires de ces dernières d'avoir fait faire la démolition dans le temps fixé, elles devront être détruites par des ouvriers qui y seront mis à cet effet par lesdits officiers, aux dépens des propriétaires, et à la diligence du procureur de Sa Majesté au siège de l'amirauté, à peine d'interdiction de sa charge.

Nous avons suivi assez en détail le sort des pêcheries de l'amirauté des Sables; nous pourrions de même suivre le sort de celles de l'amirauté de Saint-Brieuc; mais ce ne serait guère qu'une répétition inutile et ennuyeuse de ce que nous venons de dire. Qu'il nous suffise de savoir que le Conseil, dans son arrêt du 25 février 1733, ordonna aussi la suppression de tous les parcs et pêcheries exclusives situés dans le ressort de cette amirauté, sauf ceux qui se trouvaient mentionnés en son article 4, et qui appartenaient à l'abbaye de Notre-Dame de Beauport dans l'île Saint-Riom[2].

On comprend que, si l'exécution de l'ordonnance de 1681 eût été poursuivie dans toutes les amirautés avec autant de vigueur que dans celles des Sables et de Saint-Brieuc, il ne fût bientôt resté sur les côtes de France qu'un nombre relativement minime de pêcheries exclusives. Mais les mesures, le plus souvent, ne furent pas générales; quelques arrêts sur des prétentions individuelles furent seuls rendus pour les autres amirautés[3]. D'ailleurs, collectives ou non, les mesures

---

[1] Bien que rendu pour une espèce particulière, l'arrêt du 2 mai 1739 fut toujours considéré comme règlement général. Le jugement des commissaires du 22 avril 1741, dont nous parlerons plus loin, en reproduit les dispositions. Il était de règle, au temps de Valin, que les bouchots, pour être conservés, devaient être construits et exploités conformément à l'arrêt et au jugement précités.

[2] Arrêt du 10 juin 1780, préambule. Archives du ministère, *Recueil d'arrêts, édits*, etc.

[3] C'est ainsi que, dans le ressort de l'amirauté de Saint-Malo, un arrêt du 26 août 1732 conserva à leurs propriétaires les parcs de clayonnage situés sur les côtes de la baie de Cancale; qu'un arrêt du 8 décembre 1733 maintint l'évêque et comte de Dol dans la possession et jouissance des parcs et pêcheries situés sur le territoire de son évêché. Les détenteurs des pêcheries de la baie de Cancale et du territoire de Dol adressèrent une requête au Roi pour le prier de modifier les dispositions de ces arrêts trop favorables, selon eux, à

furent très difficiles à exécuter. Beaucoup de pêcheries ne furent pas
démolies malgré les arrêts. Beaucoup encore furent reconstruites,
après démolition, par les évincés. La résistance opiniâtre de ces derniers privés brusquement, et sans compensation, d'une chose dont
ils avaient pu longtemps se considérer comme propriétaires, annihila
presque partout, nous l'avons dit, les efforts des agents du Pouvoir.
Ainsi, l'arrêt dont nous venons de parler, du 25 février 1733, n'eut
aucun résultat, et nous voyons Louis XVI, par celui du 10 juin
1780, le remettre en vigueur et ordonner de nouveau que tous les
parcs et pêcheries de l'amirauté de Saint-Brieuc, soient rasés aux
frais des contrevenants.

Le Pouvoir d'ailleurs ne se rebuta pas : un arrêt du Conseil, du
2 mars 1737[1], confirma expressément l'article 4 de l'ordonnance de
1681, prescrivant la destruction de toutes les pêcheries postérieures à
1544. Mais on renonça peu après à la réalisation d'une chose presque
impossible; on résolut de ménager l'intérêt privé dans la limite que
comporterait l'intérêt public, et on décida de confier désormais les
affaires relatives aux pêcheries à une commission spéciale qui, n'ayant
pas d'autres occupations que la vérification des droits maritimes,
serait plus à même de prononcer en connaissance de cause.

Jusqu'en 1730, les officiers de l'Amirauté seuls, en vertu de l'Ordonnance de la marine, avaient qualité pour examiner les droits maritimes, de quelque nature qu'ils fussent, prétendus par les riverains
de la mer, et juger du mérite de leurs titres, sauf appel au Conseil
d'État[2]. Mais l'arrêt du 27 décembre 1730, et plus tard celui du

l'évasion du poisson, et demandèrent notamment la fermeture de leurs bouchots pendant
toute l'année. Le Roi, par l'arrêt du 11 août 1736 (inséré dans Walker) accorda certaines
modifications reconnues inoffensives, mais refusa la fermeture d'avril en octobre vu
« qu'il n'y aurait plus de débouché pour les herbes de mer, araignées, poissons glaireux
et autres espèces d'immondices que la mer apporte dans ces pêcheries pendant les chaleurs de l'été, ce qui serait très nuisible au frai et au poisson du premier âge qui s'y
trouveraient pareillement arrêtés »

[1] Valin, titre III, article 4.
[2] Valin, livre 1er, titre II, De la compétence, articles 4 et 5. « Le territoire maritime
était divisé en fractions appelées *amirautés* et où étaient des sièges généraux et particuliers; à chaque siège étaient attachés des lieutenants, conseillers, avocats et procureurs
de l'Amiral, lesquels devaient être gradués, avoir un certain âge et qui remplissaient, les
lieutenants et conseillers les fonctions de juges, et les procureurs celles du ministère
public. Ce tribunal avait un greffier, des huissiers audienciers et visiteurs et des sergents.
Auprès des amirautés était un receveur des droits de l'Amiral. Tous ces officiers étaient
nommés par l'Amiral, et tous, sauf le receveur, ne pouvaient exercer qu'après avoir reçu

2 mars 1737, suspendirent leur droit de juridiction en ces questions et rendirent applicable aux droits maritimes celui du 1er mai 1718 en ordonnant que les titres tendant à leur justification fussent, comme tous les autres, représentés devant les intendants[1]. Ce régime dura peu, car en 1739, un arrêt du 21 avril[2] institua, pour juger de la validité ou de l'invalidité des mêmes titres, la commission spéciale dont nous venons de parler.

Cette commission, dite *Commission de vérification des droits maritimes*, fut un véritable tribunal administratif, auprès duquel était installé un procureur général, tribunal investi d'une juridiction souveraine, et ayant mission de procéder à l'examen et à la vérification de « tous les titres de droits se percevant sur les quais, ports, havres, rades, rives et rivages de la mer *et d'y statuer en dernier ressort.* » L'arrêt stipulait que les propriétaires desdits droits seraient tenus de remettre, dans les quatre mois qui suivraient le jour de sa publication, au sieur Thurin, greffier de la Commission, les originaux, ou les copies collationnées et légalisées par les plus prochains juges des amirautés des lieux, des titres et pancartes en vertu desquels ils les percevaient. Ce délai n'en fut pas moins encore indéfiniment prorogé, et la Commission, successivement renouvelée par les arrêts des 26 octobre et 5 décembre de la même année 1739, 27 mai 1740, 7 octobre 1747, 1er janvier et 1er mai 1752, 24 janvier 1756, fonctionnait encore quand, en 1760, Valin publia son Commentaire. Aucun de ces arrêts n'apporta d'ailleurs de modification notable à l'organisation de la Commission; seul, celui du 24 janvier 1756 lui enleva le caractère de tribunal souverain qu'elle avait eu jusqu'alors, et ne lui laissa qu'une mission d'instruction et d'enquête, en disposant que les décisions sur les matières dont elle connaissait seraient rendues à l'avenir par arrêts du Conseil. Les officiers de l'Amirauté conservaient toujours, d'ailleurs, le soin d'exécuter les sentences prononcées, et les arrêts du Conseil, comme avant 1756 les jugements émanant de la Commission, devaient leur être adressés pour qu'ils tinssent la main à leur exécution[3].

des lettres de provision du Roi, en sorte qu'ils étaient autant officiers du Roi que de l'Amiral. » (Beaussant, *Code maritime*, Paris, 1839, introduction).

[1] Valin, livre V, titre III, article 4.
[2] Archives du ministère, *Recueil d'arrêts, d'édits*, etc.
[3] Valin, livre Ier, titre II, article 3.

Il faut croire que le travail de la Commission fut bien pénible ou qu'elle laissa les choses traîner fort en longueur; car, en 1760, Valin déclare[1] qu'elle n'a encore rien statué au sujet des parcs en pierre ou écluses, et que, pour les pêcheries en bois ou bouchots, elle a seulement réglé le sort de ceux de la seigneurie de Charon par son jugement du 22 avril 1741. « L'état d'indécision, remarque à ce propos le savant commentateur[2], où l'on est depuis tant d'années par rapport à une quantité très considérable de parcs qui sûrement ne seront pas conservés en définitive, fait souhaiter avec impatience qu'il intervienne enfin une décision générale par le moyen de laquelle on sache à quoi s'en tenir à cet égard. Alors, les parcs étant en petit nombre, il serait plus aisé aux officiers de l'Amirauté d'y exercer la police, et par là de prévenir la perte du petit poisson, même du frai qui s'y prend journellement ». La décision générale n'intervint jamais.

Ce jugement du 22 avril 1741[3] ordonna la démolition de plusieurs bouchots paraissant nuisibles à la navigation; les autres, en beaucoup plus grand nombre, furent conservés au profit du seigneur de Charon et de ses censitaires, sous la condition qu'ils seraient tenus à l'avenir dans les règles exprimées par l'arrêt du 2 mai 1739, relatif aux bouchots de l'évêché de Luçon et de la baronnie de Champagné. Parmi ces bouchots conservés, il y en avait quelques-uns de construction assez récente et qui, par conséquent, étaient *légalement* dans le cas de la démolition. De là, plusieurs personnes vinrent à penser, par analogie, qu'il en serait de même des écluses et que la décision à intervenir, et qui n'intervint pas, des seigneurs Commissaires, conserverait pareillement toutes celles qui ne seraient pas jugées nuisibles à la navigation et ferait simplement défense d'en construire d'autres à l'avenir. Mais telle n'était pas la pensée de Valin[4]. Il considère les écluses comme tout autrement nuisibles au public que les bouchots, et, sur cette considération, « il y a tout lieu d'espérer, dit-il,

---

[1] Livre V, titre II, article 4. — « Cette commission, arrêtée à chaque pas par les prétentions et le crédit des seigneurs, les cris de l'intérêt privé, la difficulté du travail, se refroidissant dans son zèle premier, ne fit rien ou presque rien, se bornant à quelques décisions isolées, peu en harmonie entre elles, et paralysées par les attaques dont elles étaient l'objet. » (Beaussant, *Code maritime*, n° 851.)

[2] Valin, livre Ier, titre II, article 5.

[3] Archives du ministère. *Recueil d'arrêts, d'édits*, etc.

[4] Livre V, titre III, article 4.

qu'excepté certaines écluses de l'île de Ré, de toutes celles qui bor-
dent les côtes de l'Aunis, il n'y aura de conservées que celles dont
l'existence sera exactement prouvée antérieure à l'année 1544. »

Les Commissaires rendirent bien un autre jugement le 13 juin 1742.
Il déclarait réunies au Domaine de la Couronne les écluses de l'île
de Ré dont les détenteurs n'avaient pas représenté leurs titres, et
que, pour raisons spéciales[1], on ne pouvait démolir. Ce jugement
prononçait en même temps l'attribution au Domaine de toutes les
redevances dont ces écluses étaient chargées. Or la plupart de ces
pêcheries avaient été transmises, par les particuliers qui les avaient
fait construire sur les terrains dont les seigneurs leur avaient fait
baillette, à d'autres particuliers moyennant le payement d'une rente
foncière. Aussi, par équité, le Roi fit-il écrire par le comte de Mau-
repas aux officiers de l'amirauté de La Rochelle, le 6 septembre de
la même année, que son intention était que ce jugement ne fût point
mis à exécution. Quelques arrêts supprimèrent aussi dans la suite
plusieurs pêcheries isolées, et Louis XVI, par un édit de juin 1787,
prescrivit même de nouveau la vérification des titres. Mais, en somme,
toute l'œuvre pratique de la Commission en matière de pêcheries est
à peu près contenue dans le jugement du 22 avril 1741 relatif aux
bouchots du seigneur de Charon. Bien faible résultat, mais dont on
ne s'étonnera pas cependant outre mesure, si l'on considère que la
Commission devait rester nécessairement hésitante entre l'application
de la loi et le respect de l'équité, parce que bien peu de pêcheries
étaient *moralement*, sinon *légalement*, dans le cas d'être démolies sans
injustice.

L'institution de la Commission, ou plutôt la manière indécise dont
elle fut obligée de remplir son rôle, eut un inconvénient fort grave,
celui de paralyser l'action des agents du Pouvoir. Il arriva, en effet,
qu'à la faveur de la tolérance dont elle faisait preuve, les seigneurs
et les particuliers riverains de la mer affectèrent, surtout en Aunis,
de multiplier, autant qu'il leur fut possible, les baux à cens des terrains propres à l'établissement d'écluses ou de bouchots, ou de construire eux-mêmes des pêcheries sur ces terrains, en violation des

---

[1] Il paraît que, de l'avis des ingénieurs, il résultait de leur établissement un avantage
sur le tort qu'elles pouvaient faire à la navigation et à la pêche, ces écluses protégeant
l'île contre la mer, et l'empêchant, dit Valin, de se séparer en deux.

défenses expresses de l'Ordonnance. Les officiers de l'Amirauté qui avaient connaissance de ces nouvelles constructions de parcs pouvaient bien, sans doute, en ordonner la démolition en vertu de l'article 8, car, en matière de pêcheries, il n'y avait de soumis au jugement de la Commission que le point de savoir si ceux dont les parcs, écluses et bouchots étaient d'ancienne construction, bien que postérieure à 1544, en conserveraient ou non la propriété, et à quelles conditions. Mais la Commission avait aussi à juger si les seigneurs qui ne craignaient point de s'attribuer la *propriété* du rivage de la mer, et par là *le droit d'établir des pêcheries à leur gré*, avaient des prétentions fondées ou non[1]. Par suite, les juges de l'Amirauté devenaient incompétents pour prononcer la démolition, chaque fois, — et c'était toujours le cas, — que les seigneurs ou les particuliers assignés par les procureurs de l'Amirauté pour voir ordonner la destruction de leurs parcs, élevaient la prétention de se trouver dans le cas où s'étaient vraisemblablement trouvés l'évêque de Luçon et le baron de Champagné, c'est-à-dire d'être *propriétaires* d'une partie de mer ou de grève en vertu d'aveux ou dénombrements reçus à la Chambre des Comptes avant 1544, ou d'une concession royale en bonne forme[2]. Ils ne pouvaient alors que renvoyer les intéressés à se pourvoir par-devant les Commissaires nommés pour la vérification des droits maritimes, et faire provisoirement défense de continuer la construction des parcs lorsqu'ils n'étaient que commencés.

On conçoit dès lors, — connaissant le mode de procéder de la Commission, — comment il se fit que le nombre des pêcheries, bien loin de diminuer, alla toujours croissant, et comment, au temps de Valin, certaines de nos côtes étaient tellement hérissées d'écluses et

---

[1] Valin, livre Iᵉʳ, titre II, article 5.

[2] Cependant leurs titres n'énonçaient ordinairement que le droit de pêcherie en général. « Or que résulte-t-il de là ? dit Valin (Livre V, titre III, art. 9). Que le rivage de la mer leur appartient à l'effet qu'ils aient eu droit de concéder, moyennant des cens à leur profit, des terres sur les grèves pour y construire des écluses et des bouchots? Nullement. Tout leur droit se borne à avoir en propre une pêcherie, à leur usage particulier, sur les grèves de leurs seigneuries, sans aucune extension ou influence sur les autres pêcheries établies par les particuliers, quelque concession qu'ils leur aient faite des terrains sur lesquels elles sont construites. La raison est qu'ils n'ont pas eu droit d'en disposer au préjudice du domaine du Roi ; de sorte que tous les parcs et bouchots qui seront dans le cas d'être conservés, comme étant antérieurs à l'année 1544, doivent naturellement être jugés relevant nuement de la censive du Roi, avec réunion au Domaine de tous les cens que les seigneurs y lèvent actuellement, sans autre titre que leur usurpation sur le Domaine de la Couronne. »

de bouchots¹ qu'il n'y avait presque plus de terrains où le peuple
pût librement exercer sur les grèves la pêche du coquillage qui faisait alors subsister, sur les côtes où les pêcheries exclusives étaient
rares, un grand nombre d'habitants des paroisses maritimes². La
pêche du poisson devenait en même temps si stérile, surtout sur les
côtes d'Aunis, que les pêcheurs, bien que leur nombre fût diminué
des deux tiers depuis plus de trente ans, ne trouvaient plus de quoi
subsister, malgré le haut prix où ils étaient obligés de tenir le
poisson.

Les pêcheries et les abus dont elles étaient l'occasion³ n'avaient
pas seuls contribué à provoquer ce déplorable état de choses. Les
filets traînants ravageaient à l'envi notre littoral. Nous avons vu que
l'ordonnance de 1681 autorisait l'emploi de la dreige et prohibait
d'ailleurs formellement tous engins traînants. Ce ne fut, paraît-il,
qu'au commencement du XVIII° siècle que s'introduisit la coutume
d'ajouter des poids à la dreige et par là de la faire traîner. De très
fâcheux résultats suivirent cette innovation et une clameur s'éleva
de tout le Ponant contre les abus auxquels elle donnait lieu. On

---

¹ « On a vu sur quatre lieues de côtes, dans le Bas-Médoc, depuis Bey jusqu'au Verdon,
plus de cent cinquante pêcheries appelées bouchots ou gors, dont les ailes avaient 40 à
50 brasses de longueur... Il s'y prenait une si grande quantité de menuise qu'on en
jetait sur le rivage où les oiseaux s'en nourrissaient. » (Duhamel du Monceau, *Traité
général des pêches*, tome I⁰, section III.

² « Il y aurait, dit Valin (Livre V, titre III, art. 4), dans tout le terrain occupé par
les écluses (rappelons que les bouchots ne nuisent pas à la pêche du coquillage), à toutes
les grandes marées de la nouvelle ou pleine lune, quantité de coquillages à l'usage du
public si les propriétaires de ces écluses ne s'en rendaient pas les maîtres, en empêchant
quiconque d'y pêcher, sous prétexte que le fond leur appartient et qu'ils y entretiennent
des huîtres. Ils font plus, ils écartent même à main armée tous pêcheurs du voisinage
de leurs écluses, dans la crainte, bien ou mal fondée, que ceux-ci n'y entrent, et par là
ils s'approprient, à droite ou à gauche, en avant et en arrière, des terrains qu'ils ne
peuvent pas dire leur appartenir. » « Et cependant la liberté indéfinie de la pêche du
coquillage mérite d'autant plus de faveur, dit-il ailleurs (Livre V, titre I⁰, art. 1⁰), que,
incapable de nuire parce que le fonds du coquillage est véritablement inépuisable, elle
procure au même peuple des villes maritimes et aux habitants des côtes jusqu'à deux et
trois lieues d'éloignement dans les terres, une ressource abondante, non seulement pour
leur nourriture et celle de leur famille, mais encore pour le payement d'une partie de
leurs subsides. »

³ On plaçait toujours, à leur ouverture, en violation de l'article 5, titre III, des paniers
d'osier nommés bourgnes ou bourgnons, dont les mailles étaient si étroites que non seulement le poisson du premier âge, mais encore le frai du poisson s'y trouvait arrêté et
pris. Il était comme impossible de remédier, sinon par la destruction des parcs, à cette
pratique essentiellement désastreuse, tant à cause de la multiplicité des écluses et bouchots que par le soin qu'on prenait de placer ces paniers plutôt la nuit que le jour.

voulut y satisfaire, mais on dépassa le but en prohibant, sauf pour la pêche de l'huître, toute espèce de dreige par la déclaration du 23 avril 1726.

Les peines prononcées par cet acte étaient fort rigoureuses. Il était défendu, à toute personne indistinctement, de se servir de la dreige ou de tout autre filet ou instrument traînant « à peine de confiscation des bateaux, rets, filets et poissons, et de 100 livres d'amende contre le maître-pêcheur et de déchéance de sa qualité de maître, sans pouvoir en faire aucunes fonctions à l'avenir, ni même être reçu pilote, lamaneur ou locman; et, en cas de récidive, de trois ans de galères » (art. 1)[1].

Les pêcheurs d'Aunis protestèrent vivement contre cette mesure[2], et firent valoir que la dreige particulière dont ils s'étaient de tout temps servis, ne faisant que *rouler* sur les sables, ne nuisait en rien à l'empoissonnement des eaux, et que, d'ailleurs, la disposition des côtes de l'Aunis y rendait la pêche du poisson frais impraticable avec des rets sédentaires. Ils finirent par obtenir gain de cause : le Roi autorisa en Aunis l'usage de cette dreige, d'abord temporairement (Lettres à l'Amiral comte de Toulouse des 9 octobre 1726, 11 janvier et 11 mai 1727), puis, après enquête du sieur Le Masson du Parc, d'une manière définitive (Lettre du 27 décembre 1727). Peu après, la pratique du filet en usage à la Rochelle et à Marennes s'étant répandue sur presque tout le littoral de l'Océan, la déclaration donnée à Marly, le 20 décembre 1729, étendit cette autorisation à tout le royaume, à condition toutefois que le filet en question ne porterait que le nom de *ret traversier* ou *chalut* afin d'empêcher les abus qui pourraient se produire, s'il continuait d'être appelé *dreige* ou *drague*. Mais les abus ne tardèrent pas à accélérer de nouveau le dépeuplement des côtes et à provoquer de nouvelles doléances des pêcheurs et les plaintes réitérées des officiers de l'Amirauté. L'ordonnance du 16 avril 1744 prohiba alors partout le chalut; mais cette mesure trop radicale souleva encore de si vives réclamations que six mois après, l'ordonnance du 31 octobre, passant d'une extrémité à l'autre, proclamait l'usage de cet engin partout permis. Ce fut le dernier mot de l'ancienne législation en matière de filets traî-

---

[1] On retrouve ces pénalités dans plusieurs des ordonnances qui suivirent.
[2] On peut lire dans Valin (tome II, p. 700) tout le détail de l'affaire des pêcheurs de l'Aunis.

nants. L'ordonnance réglementait assez sévèrement, il est vrai, l'usage du chalut; elle limitait à une livre par brasse le poids dont il pourrait être chargé, pendant le temps du frai, et disposait qu'il ne pourrait être employé à une lieue près des côtes. Mais ces prescriptions, dont il était du reste, il faut bien en convenir, fort difficile d'assurer l'exécution, furent constamment violées par nos pêcheurs, à la faveur de l'incurie administrative[1].

Pêcheries et filets traînants ruinèrent donc de concert la fertilité de nos côtes, et il serait difficile de dire ce que serait devenue l'industrie si nécessaire de la petite pêche qu'on commençait à abandonner de toutes parts, si vingt-cinq ans de guerres n'étaient venus suspendre cette œuvre de destruction insensée en prenant tous les hommes valides, et permettre ainsi à la mer, par un long repos, de refaire un peu ses forces épuisées.

VIII.

La période révolutionnaire.

Nous n'aurions pas à nous arrêter à cette période de stagnation[2], si elle ne nous offrait un renouvellement complet de la législation

---

[1] Un mécontent de l'époque, dont les projets de réforme ne remplissent pas moins de trois volumes, reprochait avec amertume à l'administration française d'avoir entièrement oublié cette maxime rappelée cependant par un auteur du temps, M. d'Angeuil, « que la puissance qui a la plus nombreuse marine employée à la pêche est à même d'avoir la marine militaire la plus formidable. » (Ange Goudar, *Les intérêts de la France mal entendus dans les branches de l'agriculture, de la population, des finances, du commerce, de la marine et de l'industrie, par un citoyen*. Amsterdam, 1756. Tome III.)

[2] Ce n'est pas que, durant cette période, il n'ait été rendu aucun acte tendant à la protection de la petite pêche. Ainsi furent successivement rendus au sujet de la pêche à la traîne :

La loi des 8-12 décembre 1790 maintenant les lois, statuts et règlements sur la pêche et notamment ceux en usage à Marseille, et défendant de faire la pêche *aux bœufs*;

La loi des 9-13 avril 1791 relative à la pêche à la traîne dans les provinces du Languedoc et du Roussillon;

La loi du 12 mars 1803 (21 ventôse, an XI) prohibant les pêches dites *aux bœufs*, à la *dreige* et au *gangui*;

Le règlement royal du 24 juillet 1816 sur la pêche des huîtres et du poisson frais dans les baies de Granville et de Cancale;

L'ordonnance du 13 mai 1818 sur l'emploi du chalut.

Mais ces lois restèrent la plupart du temps inobservées comme les anciens règlements.

Ces actes, comme presque tous ceux que nous mentionnons plus loin, sont insérés dans le recueil de M. Duvergier : *Collection complète des lois, décrets, etc.*

domaniale, et si, d'autre part, un acte important, qui fut suivi de plusieurs autres, ne signalait à notre attention les changements qui survinrent alors dans la condition des madragues et des bordigues.

Nous avons dit comment peu à peu des principes nouveaux s'étaient fait jour dans le droit domanial de la monarchie, et quelle consistance ils avaient acquise, sans toutefois être législativement formulés, lorsque la Constituante en vint à soumettre à ses investigations les lois qui réglaient les matières relatives au Domaine. La loi du 22 décembre 1789 ne fit tout d'abord que leur imprimer une consécration qui leur avait manqué jusque-là, en chargeant les administrateurs de département de veiller à la conservation des rivières, chemins et autres choses communes, « *sous l'autorité et l'inspection du Roi comme chef suprême de l'administration générale du royaume.* » Mais bientôt la législation domaniale fut renouvelée de fond en comble et ramenée aux principes qui n'ont cessé depuis d'en être les fondements. « Tant que les droits de la nation avaient été absorbés dans ceux du Roi, il était naturel qu'il n'y eût en France qu'un Domaine de la Couronne, synonyme de domaine de l'État, et que le Roi en fût considéré comme propriétaire. Mais lorsque la nation eut repris l'exercice de sa souveraineté et de son autonomie, il dut résulter de ce seul fait, comme conséquence, la négation du droit de propriété dont la royauté avait été investie jusqu'alors en ce qui concerne les biens du Domaine, et la translation de ce droit de propriété de la personne du Roi à l'être moral ou collectif qui forme le corps entier des citoyens. Cette première innovation en entraînait une autre également logique et nécessaire : ainsi, du moment qu'il n'y avait plus à craindre les abus et les dilapidations par lesquels la royauté n'avait que trop souvent marqué l'exercice de son droit de propriété, les biens du Domaine pouvaient être sans danger replacés dans le droit commun, c'est-à-dire déclarés aliénables, à la condition toutefois que les aliénations seraient autorisées par un décret du corps législatif[1]. »

C'est ce que proclama l'importante loi domaniale des 22 novembre-1er décembre 1790, rendue sur le rapport d'Enjubault, loi qui a consacré les principes définitifs sur lesquels repose aujourd'hui tout l'édifice de notre droit domanial. Le Domaine de la Couronne devint

---

[1] Dallos, *Répertoire de législation et de jurisprudence*, au mot *Domaine de l'État*.

le *domaine de la nation*; et, conformément aux idées économiques qui de toutes parts se faisaient jour, on substitua le principe de l'aliénabilité[1] à celui de la mainmorte, c'est-à-dire, pour nous servir d'un mot de M. de Cormenin[2], le mouvement à l'immobilité. Malheureusement, le domaine de l'État et le domaine public se trouvaient confondus dans le domaine de la nation comme ils l'avaient été dans le Domaine de la Couronne : l'Assemblée Constituante, faute d'idées suffisamment nettes sur la matière, n'avait pas pris le soin de faire cette distinction essentielle, et avait exposé pêle-mêle les règles de l'un et de l'autre domaines, ce qui engendra de graves confusions dont on retrouve, on le sait, la trace dans les articles 538 et 539 du Code civil. La nature si différente des éléments constituant le domaine de la nation, qu'on avait seulement envisagé en bloc et dans son ensemble, ne tarda pas cependant à être plus sainement appréciée, et la distinction dont nous parlons, point de départ de la législation domaniale, indiquée déjà dans plusieurs lois postérieures, notamment dans celle du 8 juillet 1791 sur les places de guerre, fut enfin complètement mise en relief par le législateur de 1804 dans les articles 538 et suivants du Code civil, qui disposent que toutes les dépendances du domaine public sont *insusceptibles de propriété privée*. Ainsi, attribution à la nation du domaine public et du domaine de l'État dont l'ensemble composait autrefois le Domaine de la Couronne, propriété inaliénable du Roi; inaliénabilité du domaine public, aliénabilité du domaine de l'État, telle est en résumé l'œuvre de la Constituante, et l'essence même de la législation domaniale actuelle.

Au moment où, sur la revendication des idées nouvelles, la loi venait de proclamer hautement le droit de la nation, c'est-à-dire de tous les citoyens, à la libre jouissance des choses destinées par leur nature à l'usage public, il semble que le Pouvoir eût dû s'appliquer à assurer plus que jamais la liberté de la pêche sur le domaine commun.

[1] L'Assemblée Constituante appliqua néanmoins aux faits accomplis dans le passé les conséquences de l'indisponibilité du Domaine de la Couronne (principe que les rois avaient souvent transgressé), en ordonnant le retour entre les mains de la nation de toutes les aliénations domaniales indûment faites, à titre gratuit ou onéreux, postérieurement à l'ordonnance de 1566.

[2] *Questions de droit administratif*, Paris, 1840, Tome Ier, Introduction.

Le droit exclusif de pêche fut bien, à vrai dire, aboli par les lois des 6 et 30 juillet 1793 et 8 frimaire an II qui le comprirent au nombre des droits féodaux supprimés par celle du 25 août 1792; mais, en fait, rien ne fut organisé contre le danger des pêcheries permanentes et exclusives. « L'intérêt des particuliers qui n'étaient plus les seigneurs, mais les successeurs des concessionnaires qui avaient payé les seigneurs, la difficulté de faire cesser ce qui est par possession, le défaut d'une urgence assez grande pour les mesures nécessaires et aussi la partie utile de ces établissements qui, lorsqu'ils ne sont pas un abus, donnent à l'industrie des produits qui seraient inconnus sans cela, ont empêché la Révolution même de rien changer aux anciens faits [1]. »

Il y a plus : la Révolution ne tarda pas à violer elle-même les principes qu'elle s'était fait gloire de poser, et il lui arriva, même en matière de pêche maritime, dont la liberté et la gratuité avaient toujours été cependant pleinement consacrées par la royauté, de changer parfois, et cela au profit du nouveau Souverain, l'État, ce qu'elle avait cru devoir établir. Ainsi, non seulement la loi du 14 floréal an X (titre V) vint rétablir au profit de l'État, sur les fleuves et les rivières navigables, le droit de pêche exclusif qu'on avait aboli comme droit féodal; mais un arrêté des Consuls du 9 germinal an IX en fit autant en ce qui concerne la pêche dans la Méditerranée au moyen des madragues.

Nous avons exposé sommairement comment l'ordonnance de 1681 avait réglementé les madragues et les bordigues. Après les lois de 1793 et de l'an II, on ne pouvait rationnellement prendre à leur égard, comme du reste à l'égard de tout autre établissement de pêche, que l'une des deux mesures suivantes : ou en considérer la concession comme créant un privilège contraire aux principes de la liberté de la pêche et de l'indisponibilité du domaine public en inféodant un espace de mer qu'on transformait en fait en propriété privée, et, en conséquence, frapper ces établissements d'une prohibition absolue; ou les envisager simplement comme un mode licite de faire la pêche, et alors, à l'exemple du législateur de 1681, et à cause de leur nature particulière, les soumettre à l'autorisation préalable du Gouvernement, c'est-à-dire à une permission, essentiellement gra-

[1] Beaussant, *Code maritime*, n° 261.

tuile, révocable sans indemnité, indéterminée dans sa durée ; car on ne saurait établir, même temporairement, la possession sans partage d'une partie de mer quelconque.

On ne suivit qu'à demi cette dernière ligne de conduite. En se basant sur ce qu'une concession de bordigue ou de madrague n'avait jamais pu constituer qu'une autorisation d'usage essentiellement révocable, — ce qui était vrai, — on déposséda les détenteurs de ces établissements. Mais cette dépossession s'accomplit soit par suppression pure et simple de l'établissement par mesure administrative, soit par sa *réunion au domaine de l'État*. Ce fut là l'illégalité ; car, enfin, il n'était pas admissible que l'État, particulier lui-même en tant que personne morale, s'attribuât la jouissance d'une partie quelconque du domaine public, après l'avoir enlevée aux particuliers qui en étaient détenteurs. Ce fut pourtant ce qui se passa : beaucoup de madragues et de bordigues furent réunies au domaine de l'État et affermées aussi bien que la pêche fluviale, et comme le faisaient jadis les seigneurs, à son profit exclusif, bien que le droit de fermage ne lui fût pas acquis, plus qu'à eux, sur des eaux déclarées libres et appartenant à tous.

En ce qui concerne les madragues, cette pratique fut consacrée par l'arrêté des Consuls du 9 germinal an IX (30 mars 1801). L'article 3 de cet acte porte en effet la disposition suivante : « Les citoyens à qui la permission de caler une madrague sera accordée, seront tenus de passer un bail dont la durée et les conditions seront déterminées par la régie des domaines nationaux, et le produit en sera versé dans ses caisses. »

La même législation fut aussi consacrée pour les bordigues, par l'ordonnance du Roi du 30 juillet 1817. Cette ordonnance décide, en effet, que l'engagiste d'une bordigue, dans un canal communiquant avec la mer et assimilé aux rivières navigables, ne peut prétendre à l'application de la loi du 14 ventôse an VII relative aux domaines engagés

---

[1] La concession à perpétuité faite au seigneur de Bandol avait été une violation de l'indisponibilité du Domaine de la Couronne. On trouve des exemples de révocation même sous l'ancien régime : ainsi le 1er août 1719 furent révoquées, sur la plainte des pêcheurs, des lettres patentes de 1643 autorisant François de Seytres à établir une nouvelle madrague. Cette madrague (madrague de Sousset) fut d'ailleurs reconstituée le 22 juillet 1751 et supprimée de nouveau par arrêt du préfet de Marseille du 22 thermidor an XII. Rétablie par une ordonnance en 1816, elle rentra ensuite au domaine de l'État pour être définitivement supprimée plus tard.

par l'ancien gouvernement[1], et que la pêcherie doit être régie pour
le compte de l'État.

Les bordigues et les madragues, même réunies au domaine de
l'État, furent successivement condamnées à disparaître, en raison
des inconvénients qu'elles offraient pour la pêche et surtout pour la
navigation[2]. Les arrêtés de suppression[3] ne s'exécutèrent pas, on le
comprend, sans résistance des intéressés. Ces derniers élevèrent
principalement la prétention d'être des concessionnaires irrévoca-
bles, en vertu d'une aliénation définitive consentie par l'État. En
1850, la Cour d'Aix et la Cour de cassation, incidemment saisies de
la question, se sont abstenues de la trancher (arrêts des 10 mai et
27 septembre 1850). Mais, dans une affaire antérieure, le Conseil
d'État avait, en écartant les prétentions du prince de Rohan-Roche-
fort par un arrêt du 10 août 1817, formellement établi le caractère
précaire des autorisations de ces établissements, caractère qu'avait
déjà reconnu le tribunal d'Aix dans un jugement du 11 mars 1815
rendu à propos des bordigues du marquis de Gallifet[4].

En 1852, la loi du 9 janvier vint soumettre à des règles uniformes
tous les établissements de pêche, et les madragues et les bordigues
se trouvèrent désormais assujetties aux conditions générales d'existence que nous exposerons bientôt. Après la suppression successive
de toutes les madragues et bordigues dont la possession n'était pas
fondée sur des droits anciens et inattaquables, le ministre de la
marine, comme pour les pêcheries à poisson, se résolut à ne pas
autoriser de créations nouvelles de ces établissements; mais, dans
la suite, il se départit aussi à leur égard de cette sévérité. Se rendant aux réclamations qui lui étaient adressées au sujet de la prohibition des madragues, il prescrivit une enquête. De cette enquête, il
est résulté que, suivant l'emplacement qu'elles occupent, ces pêcheries peuvent ne pas présenter le caractère de nocuité absolue qu'on
leur attribuait précédemment. Aussi, depuis une dizaine d'années,

[1] Par cette loi, les détenteurs de biens engagés étaient admis à en devenir les propriétaires incommutables, en payant le quart de leur valeur.

[2] Lire sur la défense des madragues un mémoire des fermiers des madragues des
Bouches-du-Rhône du 15 juin 1852 (imprimé chez Plon). Ils s'efforcent d'y démontrer
qu'elles ne nuisent pas à la navigation et sont indispensables à la consommation, et à
l'industrie du pays.

[3] On en peut voir plusieurs au *Bulletin officiel de la marine* de 1852.

[4] Fournier et Enrici-Bajou. *Cours d'administration de la marine.* Paris, 1879, tome II.

la calaison de quelques madragues a-t-elle été autorisée sur divers points du littoral de la Méditerranée[1].

IX.
La situation en 1850.

Au retour de la paix, l'activité des pêcheurs, forcément paralysée pendant la période révolutionnaire et les événements de l'Empire, reprit un nouvel essor. L'une des premières préoccupations de l'administration de la marine fut d'empêcher désormais la dévastation des fonds de pêche qu'une longue tranquillité avait un peu repeuplés. Elle résolut donc de reviser[2] l'ancienne réglementation de 1681 et la série d'édits et d'ordonnances qui en avait successivement développé les principes, d'en conserver sans doute les solides assises, mais d'y apporter néanmoins toutes les améliorations qui sembleraient de nature à sauvegarder la production des eaux maritimes.

On se mit immédiatement à l'œuvre. Dès 1816, un projet d'ordonnance sur la police des pêches était présenté à l'appréciation des autorités maritimes locales. Mais ce projet n'offrait pas, malheureusement, les garanties désirables : on dut l'abandonner. Cet insuccès n'arrêta pas cependant l'ardeur première dont on avait fait preuve. Cinq ans après, en 1821, était élaboré un nouveau projet. Il contenait un assez grand nombre d'innovations. Il créait, notamment, dans tous les ports, sous le nom de *conseils de prud'hommes* et de *conseils des pêches*, une juridiction spéciale pour la connaissance des contraventions en matière de pêche maritime. C'était régler une question urgente et depuis longtemps pendante.

En effet, par la loi des 8-12 décembre 1790, la Constituante avait confirmé l'antique institution des *prud'homies*[3], non seulement en

---

[1] En 1816, il existait six madragues. Quatre madragues nouvelles furent autorisées en 1876 et plusieurs autres dans les années suivantes. La *Statistique des pêches maritimes* de 1883, la dernière publiée, accuse un nombre de seize madragues. — Quant aux bordigues, leur nombre ne varie pas; il est toujours de trente-trois, dont une seule établie sur le domaine public.

[2] La nécessité de cette revision avait été reconnue dès 1790, et l'Assemblée nationale l'annonçait dans la loi des 8-12 décembre (*Recueil des lois de la marine*, I, 204). Les événements de la Révolution vinrent mettre obstacle à la promulgation d'un nouveau Code des pêches. — En 1806, un projet de réglementation fut élaboré, mais il ne reçut aucune suite.

[3] Voir, sur l'origine et l'histoire des prud'homies de patrons-pêcheurs, les *Études sur les pêches maritimes* de M. Berthelot.

maintenant celles qui existaient déjà en vertu de lettres patentes des
rois, mais en disposant qu'il serait accordé, sur les côtes de la Méditerranée, de pareils établissements à tous les ports qui en feraient
la demande. Quant aux pêcheurs de la Manche et de l'Océan, ils
avaient continué d'être placés sous la juridiction exclusive des tribunaux d'amirauté. Or, la loi des 9-13 août 1791, en supprimant les
amirautés, avait omis de désigner explicitement la juridiction qui
serait dorénavant compétente en matière de pêche maritime. L'impunité avait été le résultat naturel de ce silence, et de très graves
désordres s'étaient introduits dans l'exercice de la pêche sur nos
côtes du Nord et de l'Ouest. Mais en 1815, on avait remis provisoirement en vigueur les anciens règlements sur la petite pêche, et les
tribunaux correctionnels avaient été, en fait, saisis des infractions à
ces règlements partout où il n'existait pas de prud'homies.

En 1821, au cours du travail de revision de l'ancienne législation,
on voulut ramener à l'unité la juridiction relative à la pêche côtière.
On chercha à généraliser les prud'homies; mais les pêcheurs de la
Manche et de l'Océan, consultés sur leur désir, montrèrent une répu-
gnance si vive à être jugés par leurs pairs, qu'on se résolut à créer
pour eux une juridiction spéciale, se rapprochant sans doute autant
que possible des prud'homies, mais néanmoins organisée de telle
sorte qu'elle obtînt la confiance de ses justiciables. Le règlement du
21 juillet 1816 sur la pêche des huîtres et du poisson frais dans les
baies de Granville et de Cancale, avait déjà créé dans ces deux localités, sous le nom de *conseils des pêches*, des conseils de prud'hommes
particuliers, dans lesquels avaient place, en qualité de commissaires
du Roi, les administrateurs de l'inscription maritime. On s'empara
de cette institution et on l'étendit à tous les ports de la Manche et
de l'Océan. Ainsi le projet de 1821 maintenait pour la Méditerranée
l'institution des prud'homies et créait pour le reste de notre littoral
une juridiction nouvelle, investie des mêmes attributions, et en
somme peu différente.

Ce fut cette innovation qui empêcha le projet d'aboutir. Elle souleva tant de difficultés que, finalement, tout resta dans le *statu quo*,
comme après le projet de 1816.

Ce nouvel échec eut des conséquences déplorables. La refonte des
anciens règlements se trouvait indéfiniment ajournée et, avec elle, la
répression des abus qui, chaque jour, se multipliaient et menaçaient

notre littoral d'une stérilité complète. L'administration de la marine
se trouvait à peu près désarmée en face des infractions incessamment commises par nos pêcheurs sous les yeux de ses agents : l'ancienne législation ne répondait plus aux besoins de l'époque; beaucoup des anciens règlements étaient spéciaux à certaines provinces;
les peines qu'ils édictaient étaient pour la plupart ou trop sévères ou
incompatibles avec notre nouveau droit pénal[1].

D'ailleurs, le droit de police même de l'administration était souvent
contesté, surtout en ce qui concerne les pêcheries permanentes établies dans la mer ou sur les grèves, pour lesquelles, à défaut d'une
loi précisant les attributions, la compétence restait indécise entre
plusieurs services publics.

La situation ne fit que s'aggraver, lorsqu'en 1834 la Cour de
cassation vint déclarer, dans son arrêt du 24 juillet, que les ordonnances des rois de France devaient, pour obtenir force de loi, être
enregistrées par les Parlements, et que, par suite, parmi les anciens
règlements, ceux-là seuls étaient applicables dans leur partie pénale,
qui avaient été soumis à cette formalité[2]. C'était écarter la dernière
et bien faible sanction qui pouvait donner un peu d'efficacité à la
surveillance des agents de la marine; car, pour beaucoup de ces
actes, la preuve de cet enregistrement n'existait pas.

Aucune étude ne fut cependant reprise au sujet de la pêche côtière
avant 1846. A cette époque, un troisième projet fut préparé par un

[1] Pour n'en citer qu'un exemple, les articles 1 et 8 de la déclaration du 24 décembre 1726 édictent la peine des galères, en la convertissant, pour les femmes, en celle du
fouet et du bannissement à temps ou à perpétuité, contre ceux qui détruisent le frai du
poisson. « Or, quelque grave que soit ce délit, et malgré l'article 484 du Code pénal on
ne saurait raisonnablement penser que ces peines fussent de nos jours celles à appliquer.
En effet, la peine du fouet n'est plus dans nos mœurs, elle n'est pas comprise dans
l'énumération de celles dont fait mention le Code pénal, et l'on ne peut pas, d'ailleurs,
supposer qu'une contravention de pêche soit plus sévèrement punie qu'une soustraction
frauduleuse. » (*Observations sur les pêches et les pêcheurs de la Méditerranée* par Hom-
mel, avocat. Marseille, 1831.)

[2] On peut voir sur la question de l'enregistrement des anciennes ordonnances concernant la marine, les circulaires ministérielles des 2 et 5 mars 1852 au *Bulletin officiel de
la marine*. La dernière notifie un rapport de M. Th. Ducos au Prince-Président et un
décret-loi en date du 9 mars, rendu sur ce rapport, et dont l'article 2 dispose : « Les
ordonnances, règlements et arrêts du Conseil concernant la marine, antérieurs à 1789 et
auxquels il n'a point été dérogé, seront appliqués sans qu'il soit nécessaire d'administrer
la preuve de leur enregistrement. La production par le ministre de la marine, le cas
échéant, d'une copie authentique de l'un de ces actes, suffira pour en assurer la validité. »

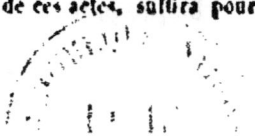

7

fonctionnaire éminent, M. Marec, alors maître des requêtes au Conseil d'État et sous-directeur du personnel et des opérations maritimes au ministère de la marine. Il abandonna complètement la malencontreuse innovation de 1821, et maintint aux tribunaux correctionnels la connaissance des contraventions de pêche. Mais, par un nouveau contre-temps, la chute de la monarchie de Juillet vint empêcher la présentation du projet aux Chambres. Ce ne sera qu'en 1852 que ce projet, remanié par une commission dans le courant de 1850, sera enfin revêtu du caractère législatif en devenant le décret-loi du 9 janvier.

Au cours de cette longue période durant laquelle chacun eut toute liberté de violer des prescriptions surannées, le désordre parvint à son comble, et notre littoral fut réellement au pillage. Les pêcheries qui, depuis tantôt trois siècles, tarissaient les sources mêmes de la production, n'avaient pas cessé d'être exploitées ; bien au contraire, le nombre s'en était même accru par suite de nouveaux empiètements commis sur le Domaine, à la faveur du conflit des attributions et d'une police impuissante[1]. Écluses et bouchots couvraient littéralement toutes les grèves de l'Océan, et il existait, sur les côtes de la Manche, un grand nombre de pêcheries en pierres ou en bois dont Valin n'a pas parlé, et qui servaient exclusivement à prendre du poisson.

D'autre part, 7 à 8.000 filets traînants, c'est-à-dire quinze en moyenne par lieue de côte, labouraient sans relâche le littoral des deux mers, se livrant toujours à un travail plus actif à mesure que la pêche devenait moins productive[2].

Un tel gaspillage éveillait la sollicitude de tous les gens sensés et soulevait l'indignation de ceux qui avaient à cœur de conserver à la France la fertilité de ses côtes et l'industrie si nationale de la petite pêche : « C'est un spectacle profondément triste, s'écriait M. Coste, en dénonçant les ravages de la pêche à la traîne et en demandant l'intervention du Gouvernement, que celui de voir

---

[1] Dans une brochure publiée à cette époque (*Pêche côtière*, Paris, 1846) le comte d'Harcourt, capitaine de corvette, reprochait à la police judiciaire de la pêche maritime de manquer : 1° dans son origine, de légalité ; 2° dans ses détails, d'accord et de concert ; 3° dans son ensemble, de surveillance et de contrôle.

[2] L'ordonnance du 13 mai 1818 n'autorisait cependant l'usage du chalut qu'à deux lieues des côtes en hiver et trois lieues en été.

cette œuvre de destruction consommée par les bras mêmes de ceux dont elle prépare la ruine[1]. « Mais l'imprudance du pêcheur est irrémédiable. Comme le disait Duhamel[2], « il semble qu'il ait pris à tâche de détruire la race des poissons qui sont néanmoins tout son revenu. Il a inventé la drège dans l'Océan et la pêche aux bœufs dans la Méditerranée. Le poisson devient de plus en plus rare : il s'en aperçoit, il s'en plaint, il ne se corrige pas. » En vain le législateur plus prévoyant interdit des modes de pêche réputés funestes : les pratiques proscrites sont celles que le pêcheur emploie de préférence, et cet homme, dont la famille subsiste par les labeurs de sa pénible profession, enfreint toujours d'autant plus hardiment la défense qu'elle est devenue plus impérieuse par suite d'une longue dévastation du fond de la mer. Plus, en effet, le poisson devient rare, plus il le poursuit âprement, nonobstant ses intérêts du lendemain, et malgré les menaces sévères de la loi[3].

L'abondance, qui avait été le fruit de la tranquillité relative du domaine des mers pendant les guerres européennes, ne tarda pas à faire place à la disette. Dans la Méditerranée surtout, sous l'action du gangui et autres engins aussi terribles, la stérilité se propagea rapidement jusqu'à l'extrême limite de la région poissonneuse. Les baies de Toulon et de Marseille, où le poisson foisonnait jadis, devinrent presque désertes; le merlan, le merlus, la besugue, la ravelle, le capelan, qui donnaient lieu autrefois à des pêches lucratives, ne fréquentèrent plus ces parages; le merlan et la ravelle disparurent même complètement de la baie de Toulon[4]. Les mêmes faits se produisirent dans toute la Provence, le Languedoc, le Roussillon et sur toute la côte méditerranéenne de Nice à Port-Vendres[5] : partout le

[1] *Voyage d'exploration*, Introduction.
[2] *Traité général des pêches*, tome I, section III.
[3] Rimbaud, *l'Industrie des eaux salées*.
[4] Rimbaud, *l'Industrie des eaux salées*. Dans le petit port de Cassis on prenait encore, en 1825, 41,800 kilos de merlans; en 1842, on n'en prenait plus que 8,500 (S. Berthelot, *Études sur les pêches maritimes*). On trouve dans ce livre intéressant de nombreuses preuves de la crise traversée alors par la petite pêche. On peut y lire aussi toute l'histoire de la pêche au gangui contre laquelle les mesures les plus sévères restèrent constamment impuissantes, grâce un peu à la complicité des prud'hommes qui, cependant, étaient plus spécialement chargés d'en signaler les abus.
[5] Il est à noter qu'à la même époque, le littoral africain restait parfaitement poissonneux, ce qui prouve une fois de plus que c'est bien la pêche à outrance qui cause le dépeuplement de la mer.

poisson de fond et le poisson blanc[1] diminuaient dans une proportion notable; les espèces nomades elles-mêmes étaient moins abondantes que dans le passé.

La position des pêcheurs devenait par là très-misérable; le découragement s'emparait des populations riveraines, et elles abandonnaient une industrie devenue ingrate ou délaissaient les procédés de pêche qu'elles avaient pratiqués jusqu'alors pour s'adonner à la pêche plus productive du gangui[2]. Cette triste situation était encore aggravée par la concurrence des pêcheurs étrangers à laquelle nous croyons devoir nous arrêter un instant.

Il résultait des stipulations du traité du 15 août 1761 connu sous le nom de *Pacte de Famille*[3] que les Catalans, les Siciliens et les Napolitains avaient, à charge de réciprocité, droit de pêche sur nos côtes et droit d'y vendre librement les produits de leur industrie (art. 24 et 25). Ce droit avait été expressément confirmé par la loi des 8-12 décembre 1790, laquelle réglait en dernier lieu la position des marins étrangers qui se livrent à la pêche sur nos côtes de la Méditerranée. Mais, par un manque de précision regrettable, cette loi avait disposé dans ses articles 2 et 3 au profit des Catalans *et autres étrangers*. Elle n'avait vraisemblablement en vue par ces mots que les pêcheurs napolitains et siciliens pour lesquels il existait un droit

---

[1] Le *poisson de fond* est le poisson essentiellement local et sédentaire qui stationne dans les fondrières rocheuses ou les herbiers. Le *poisson blanc* est celui qui, doué d'une plus grande facilité de locomotion, sans être néanmoins soumis à des migrations périodiques, se meut dans le rayon des côtes qui le produisent. Le poisson blanc vient au rivage dès les premières chaleurs, et s'en éloigne dès les premiers froids pour stationner jusqu'au retour du printemps dans les profondeurs de la région littorale. Il y descend plus ou moins, suivant que le froid devient plus ou moins intense, mais n'en disparaît jamais. Le poisson de fond, au contraire, s'approche d'autant plus de la terre que la température est plus basse. Il en résulte que le poisson blanc, rare en hiver, abonde pendant l'été sur le marché tandis que c'est le contraire pour le poisson de fond (Rimbaud, *l'Industrie des eaux salées*).

[2] Ainsi, à Marseille, en 1841, on comptait un personnel de 785 hommes pour la pêche côtière; cinq ans après, il n'était plus que de 600 hommes.

[3] Cette convention conclue par les souverains membres de la maison de Bourbon (rois de France, d'Espagne et des Deux-Siciles), avait pour but de cimenter la parfaite fraternité des trois puissances et d'établir l'égalité, au point de vue des droits et prérogatives, des sujets des trois monarchies. « Nous tenons de source certaine, dit à ce propos M. Walker (*Collection complète des lois*), que ce traité a été annulé dans toutes ses parties par un article secret signé quelques années après le traité principal; mais tant que cet article ne sera pas promulgué dans les formes voulues, il n'empêchera pas que le Pacte de famille n'ait une existence légale et ne doive être appliqué par les tribunaux, quant aux dispositions qui sont susceptibles d'une telle application. »

antérieur. On eut néanmoins des doutes sur son véritable esprit et on crut devoir étendre aux marins de tous les pays baignés par la Méditerranée le bénéfice de ses dispositions. Dès lors notre littoral, déjà envahi par une foule d'Espagnols et de Napolitains résidant à Marseille de père en fils[1], ou venant de leurs côtes épuisées faire, chaque année, la pêche dans nos eaux, fut pour ainsi dire livré à l'exploitation de nos voisins. Les Sardes surtout se multiplièrent dans tous les parages poissonneux et tendirent à y monopoliser en quelque sorte l'industrie de la pêche.

Tous ces étrangers participaient aux avantages de l'industrie de la pêche sans être assujettis à en supporter les charges. Protégés par leurs consuls, ils ne cessaient de tracasser nos nationaux, de revendiquer d'anciennes immunités, de prétendre contre le Pacte même à échapper à la loi commune. Ils rejetaient surtout la juridiction des prud'hommes, bien que plusieurs arrêts du Conseil eussent toujours décidé qu'ils y étaient soumis, ce qui provoquait d'incessants démêlés entre eux et nos patrons pêcheurs. Enfin ils violaient ostensiblement tous les règlements sur le mode d'exercice des arts de pêche, employaient de préférence les engins les plus destructeurs et achevaient de ruiner par une concurrence inégale notre pêche de la Méditerranée[2].

Les réclamations, on le conçoit, s'élevèrent de toutes parts. Ce ne fut, surtout après la Révolution de juillet, parmi les classes ouvrières qui voyaient s'échapper l'une des sources de leur alimentation, qu'un cri unanime au sujet du renchérissement du poisson. Une vive effervescence se produisit au sein des populations riveraines; des disputes et des récriminations interminables eurent lieu entre les pêcheurs; des pétitions qui stigmatisaient la tolérance administrative furent en grand nombre adressées aux Chambres, aux autorités maritimes, aux autorités municipales. En 1835 notamment, un avocat, le chevalier Laget de Podio, réclama au nom des pêcheurs de Marseille, dans un langage violent qui eut un grand retentissement à

---

[1] En 1843, il y avait à Marseille, pour 656 pêcheurs français, 362 étrangers résidents.

[2] « Nous n'avons cessé de demander contre les étrangers, disaient nos pêcheurs, égalité de droits, égalité d'obligations; plus de soixante années de procédure n'ont pu nous en faire jouir; cinq arrêts du Conseil ont même été insuffisants et illusoires... » (Projet de décret et mémoire au soutien présentés aux comités du commerce et de la marine de l'Assemblée nationale par les députés, à Paris, des patrons pêcheurs de la ville de Marseille, 1791).

cette époque, l'exécution des lois sur la police de la pêche. Dans les pétitions qu'il adressa au procureur du Roi et au maire de Marseille[1], il tonna contre la pêche aux bœufs et au gangui[2], contre la concurrence étrangère[3], contre l'institution très défectueuse des prud'hommes[4]. Ses critiques, dont la justesse ne saurait excuser la forme, n'aboutirent d'ailleurs à aucune solution immédiate, mais il est incontestable que, de même que celles qui les précédèrent ou qui les suivirent, elles furent d'un grand poids sur la nature des réformes réalisées plus tard.

Sur l'Océan, la situation, bien que moins grave, était aussi fort compromise. Le chalut y remplaçait le gangui ; en outre, d'innombrables pêcheries émergentes *buvaient* incessamment, sans profit même pour les spéculateurs dont l'incurie se complaisait dans un tel gaspillage, la sève même de la production maritime.

Heureusement, au contraire de la Méditerranée, mer fermée, comme le remarque M. Rimbaud[5], dont les frayères n'ont qu'une faible communication avec les grands réservoirs de la production océanique, les ressources de l'Océan trouvaient encore un reste de sauvegarde dans l'immense étendue du champ qui les produit. Et encore n'en était-il pas ainsi pour l'une des industries de pêche les plus précieuses et les plus lucratives, l'industrie huîtrière. Depuis 1815[6] la drague, dont le fer atteignait parfois le poids énorme de 80 kilogrammes, se promenait sans relâche sur les magnifiques bancs qui bordaient nos côtes, bouleversant les fonds et broyant toutes les petites huîtres qu'elle n'enlevait pas. Les dispositions con-

[1] Imprimées à Marseille en 1835.

[2] Dans un de ses mémoires au maire de Marseille, il démontre qu'on détruit annuellement dans les eaux de cette ville la quantité minima de 1200 millions 250,000 livres de poisson par l'anéantissement des œufs, du frai et du fretin. Ce calcul est d'ailleurs fantaisiste et néglige des données capitales (V. le mémoire).

[3] Les pêcheurs étrangers firent à cette époque de nombreuses pétitions en défense.

[4] Dans le mémoire dont nous venons de parler, il prête aux prud'hommes, avec raison, le calcul suivant : « Nous ne pouvons punir les autres sans faire crier contre nous; donc, contrevenons nous-mêmes; faisons la pêche prohibée tant que nous pourrons, et, quand elle sera défendue avec persévérance, nous verrons! En attendant, profitons! » — Il est certain que les prud'hommes, en tant que juridictions répressives et souveraines, étaient loin d'offrir les garanties nécessaires d'impartialité.

[5] *L'Industrie des eaux salées.*

[6] Nos marins revenant, en 1815, des prisons d'Angleterre s'adonnèrent à la pêche des huîtres en attendant la reprise des relations commerciales, et commencèrent le dépeuplement des bancs, qui, alors, étaient d'une richesse extraordinaire.

servatoires de l'ordonnance du 24 juillet 1816, d'ailleurs insuffi-
santes, n'avaient jamais été observées, et spécialement son article 35
qui prescrivait de rejeter à la mer le naissin, et les détritus, points
d'attache si précieux pour la reproduction. Grâce à une exploitation
effrénée, la pêche des huîtres n'avait pas tardé à décliner sensiblement. Dès 1822, les huîtrières de la baie de Marennes étaient épuisées. Les dragueurs de cette localité se jetèrent alors sur les bancs de
la baie de Bourgneuf et du Morbihan avec d'autant moins de réserve
qu'ils étaient plus éloignés de leur pays : ils ne contribuèrent pas
peu à les ruiner, et n'eurent ensuite d'autres ressources que d'acheter
des petites huîtres et de se borner à l'élevage. L'appauvrissement
devint tel qu'on écrivait en 1849 [1] : « Sur le littoral de la Charente-
Inférieure, de la Vendée, de la Loire-Inférieure, du Morbihan, la
pêche des huîtres doit être considérée comme une industrie morte.
Les huîtrières du Finistère, des Côtes-du-Nord, de la Manche ne
sont guère plus productives. Depuis quelques années, le prix des
huîtres a quintuplé. 110 bateaux ne prennent aujourd'hui que 20 millions d'huîtres tandis que 95 en pêchaient 50 millions il y a dix
ans. »

La décadence si complète d'une industrie naguère encore si prospère accrut la misère déjà grande des populations maritimes. Cette
misère était, sur certains points, effroyable : rien n'était comparable,
paraît-il, à celle des pêcheurs bretons [2], et c'était bien vers eux
qu'on pouvait tourner sa pensée en entendant une voix s'écrier
en 1849 au sein de la Chambre : « En s'occupant des misères sociales
on ne grossit pas des puérilités : il y a, je vous le jure, des misères
intolérables, il y a des souffrances horribles. Ceux qui voudraient en
nier l'existence ne les ont pas vues; et, dans ce moment, je voudrais
avoir une voix plus puissante pour dire avec plus de force que ces
misères sont réelles [3]. »

En résumé, stérilité toujours croissante de la plupart des fonds de
pêche des deux mers; abandon très accentué de l'industrie de la
petite pêche et par suite diminution notable de l'inscription mari-

[1] Vildieu, *Considérations sur la pêche côtière*, Paris, 1849.
[2] *Ibidem.*
[3] Discours de M. Gasparin à l'Assemblée nationale.

time [1]; misère générale des populations riveraines causée par la rareté et la cherté du poisson : tels étaient en 1850 les résultats de trente-cinq années de licences et d'abus de tous genres [2].

[1] Le nombre de nos pêcheurs à cette époque était d'environ 27,000 pour 800 lieues de côtes. L'Angleterre, au contraire, avait pour 1500 lieues de côtes, 150,000 pêcheurs, c'est-à-dire, toutes proportions gardées, le double de la France (Comte d'Harcourt, *Pêche côtière*).

En 1810, notre inscription maritime comprenait 56,000 marins. Cette force, sans doute considérable, témoignait de la régénération de notre flotte commerciale par les encouragements donnés, de 1817 à 1850, à la pêche de la baleine et surtout à celle de la morue; mais qu'elle était loin de celle créée par Louis XIV, agrandie par Louis XVI — qui a été un des restaurateurs de notre marine (voir, sur ce point, Thomassy, *Missions et pêcheries*) — et détruite par vingt ans de guerre et d'incroyables désastres maritimes, après avoir pesé pour beaucoup dans les résultats de la guerre de l'Indépendance américaine ! On comptait 78,000 marins sur 17 millions d'habitants à 1683 et 100,000 sur 25 millions en 1773.

[2] Nous ajouterons ici quelques mots sur la pisciculture qui, créée en France en 1842 par les découvertes de deux humbles pêcheurs de la Bresse, Remy et Géhin, semblait devoir apporter un remède souverain au dépeuplement de la mer par la prétention qu'elle eut quelque temps de lui donner artificiellement une fertilité sans limite. Le savant professeur d'embryogénie comparée au Collège de France, M. Coste, s'était, comme tant d'autres, bercé de cette illusion; il en avait le droit après la réussite si complète de la pisciculture fluviale et la fondation, par ses soins, en 1852, de ce magnifique établissement d'Huningue que la Prusse possède depuis nos derniers revers et qui provoqua un immense mouvement piscicole en Europe. En rendant compte au ministre de l'agriculture, du commerce et des travaux publics d'une mission sur le littoral de la France et de l'Italie, qui lui avait été donnée par le Gouvernement afin de déterminer dans quelles conditions on pourrait tenter des essais en grand sur la propagation et l'acclimatation des animaux marins, il s'... fait de l'espoir « que l'industrie humaine, guidée par l'expérience des siècles et les nouvelles découvertes de la science, pourrait organiser sur tous les rivages de véritables appareils d'exploitation de la mer, où les fruits de cet inépuisable domaine, attirés, mûris et multipliés par ses soins, seraient récoltés avec autant de profit et moins de labeur que ceux de la terre. » (*Lettre au ministre, du 1er janvier 1855*).

« En pénétrant dans l'esprit de nos populations riveraines, disait-il encore plus tard, dans un rapport à l'Empereur (*Rapport à S. M. l'Empereur, du 22 mars 1861, sur l'organisation des pêches marines au point de vue de l'accroissement de la force navale de la France*), l'idée de la mise en culture de la mer transforme l'Océan en une véritable fabrique de substance alimentaire où l'industrie attire et fixe, à son gré, la récolte dans les lieux qu'elle lui assigne. En sorte que, soumettant la nature organisée à son empire par une souveraine application des lois de la vie, elle fait, de nos rivages, un champ de production capable d'approvisionner tous les marchés de l'Europe. » Et l'illustre savant faisait avec complaisance le tableau de la richesse prochaine des populations maritimes et de « l'accroissement, au delà de toutes les prévisions, des défenseurs héréditaires du pavillon » qui résulteraient de « la condition de la famille maritime » sur les « bases nouvelles » qu'il proposait.

Malgré l'engouement universel dont la pisciculture fut l'objet à cette époque et l'appui extraordinaire qu'elle trouva dans les régions officielles, l'idée de la *pisciculture maritime* trouva des contradicteurs acharnés. De vives polémiques s'engagèrent de toutes parts dans la presse, les revues, les publications particulières.

On s'éleva, dans des termes parfois très acerbes, contre les « prétentions charlata-

X.

La législation de 1852.

Il était d'une extrême urgence de prendre des mesures pour arrêter, s'il en était encore temps, ce dépérissement rapide d'une industrie dont de si grands intérêts réclament la prospérité[1]. Il fallait faire table rase de tous les anciens règlements dont la sagesse avait jadis

nesques » de la science nouvelle : on soutint qu'il était impossible de « créer, dans des espaces restreints, les conditions de la pleine mer »; que le poisson de mer ne se multipliait pas et même vivait très difficilement en captivité; que, dès lors, si l'on sème du poisson, selon l'expression de M. de Quatrefages, comme on sème du blé, cela ne saurait s'appliquer qu'à l'eau douce; que, d'ailleurs, l'aquiculture maritime constituerait un odieux monopole au profit de quelques milliers d'accapareurs; qu'en un mot « la pêche était la seule industrie raisonnable du domaine des mers et qu'il était absurde de songer à rectifier autre chose dans l'immensité liquide que notre détestable façon de procéder aux récoltes ». (Voir, à ce sujet, l'*Industrie des eaux salées*, de M. Rimbaud.)

L'événement donna raison à la minorité. Le réveil fut d'autant plus décevant que le rêve avait été plus beau : les « bergeries aquatiques » de M. Coste restèrent à l'état de fictions, et l'aquiculture maritime, précipitée de son piédestal, à l'état d'utopie humanitaire. Toutes les expériences qui furent faites dans ce sens en France ou à l'étranger n'aboutirent, en effet, qu'à un misérable avortement. En Belgique, à Ostende, M. de Smet obtint, il est vrai, en 1869, quelques résultats : il put élever et faire reproduire des turbots, des soles, des barbues et des anguilles; mais, comme jadis chez les Romains, ce fut au prix de grandes dépenses et d'efforts inouïs. Il est aujourd'hui reconnu — M. le professeur Pouchet, directeur du laboratoire de pisciculture de Concarneau, voulait bien nous l'écrire encore il y a quelque temps, — que les seules espèces capables de supporter, à un degré pratique, le régime de la stabulation sont le turbot, le homard et la langouste. Encore la chair des crustacés perd-elle de ses qualités dans les réservoirs.

Au contraire, la culture du coquillage fut couronnée de succès. La découverte simultanée, par M. de Bon et M. Coste, de la reproduction des huîtres sur les terrains émergents — découverte dont on escompta trop vite les conséquences, — provoqua l'essor de l'ostréiculture. Des expériences considérables furent tentées, pour le repeuplement des bancs, dans la baie de Saint-Brieuc, dans l'étang de Thau, dans l'anse de la Forêt près Concarneau, dans le bassin d'Arcachon; mais, après de brillants résultats, les déceptions succédèrent aux déceptions et le découragement s'empara des propagateurs de cet art. Cette décadence ne devait être toutefois que momentanée. Après la guerre, l'industrie ostréicole officielle et privée prit un nouvel essor, et l'amélioration des méthodes amena un véritable triomphe. Près de 60,000 parcs, étalages, claires ou dépôts d'huîtres couvrent aujourd'hui notre littoral et il semblerait téméraire d'assigner désormais une limite à la production huîtrière, si les bancs naturels, qui sont la source principale, et pour ainsi dire exclusive, d'alimentation des parcs, n'étaient malheureusement, par suite surtout de pêches abusives et frauduleuses, menacés sur beaucoup de points d'une ruine complète.

[1] « La pêche exigeait une régénération d'autant plus prompte, disait M. Th. Ducos (*Rapport à l'Empereur du 21 novembre 1851*), qu'en présence du développement des chemins de fer, de la navigation à vapeur et du perfectionnement de l'hélice, on doit s'attendre à une diminution sensible dans les armements de long cours et de cabotage.

conservé de leur mieux la pêche nationale, mais que des replâtrages successifs, qu'on nous passe l'expression, n'avaient pu garantir de la vétusté. Il fallait substituer à leurs dispositions surannées, tombées depuis longtemps dans une désuétude quasi-officielle, une réglementation serrée, cadrant avec les institutions, répondant aux besoins présents, mettant des armes sérieuses aux mains de l'administration. Il fallait, en un mot, tout en utilisant les nombreux matériaux encore bons de la législation ancienne, en réédifier une entièrement nouvelle qui retrouverait la force et l'autorité avec la jeunesse. Le département de la marine comprit cette nécessité. Par bonheur, à cette époque qui compte parmi les plus remarquables de son administration, il eut à sa tête des hommes éminents dont la direction énergique mena à bonne fin cette lourde tâche et dont les noms sont justement restés inséparables de la législation des pêches maritimes. Nous avons vu quel était le mal ; examinons quels furent les remèdes qu'on y appliqua.

Dès 1849 avait été constituée, par décision ministérielle du 25 juin, une commission de neuf membres chargée d'examiner le projet de loi Marec sur la répression des infractions aux règlements sur la pêche côtière.

La Commission, présidée par M. de Chasseloup-Laubat, plus tard deux fois ministre de la marine, et formée d'esprits d'élite comme MM. Royer-Collard et Hautefeuille, substitua au projet qui lui était soumis un autre projet qui, adopté presque sans modification par le Conseil d'État le 11 juillet 1851, devint le décret-loi fondamental du 9 janvier 1852.

Les délibérations de la Commission portèrent naturellement sur les trois causes principales du mouvement de ruine de notre pêche côtière : la concurrence étrangère, les filets traînants, les parcs et pêcheries.

La question des pêcheurs étrangers est une question épineuse qui n'a pu recevoir de solution radicale.

et être amené par suite à demander presque exclusivement aux armements de pêche le contingent de notre personnel naval. »

Bien que la marine à voiles tende de plus en plus à disparaître, le personnel de la flotte devra toujours posséder les aptitudes spéciales qu'exige le métier d'homme de mer ; la formation si longue et l'accroissement de ce précieux personnel, par suite, la prospérité de la pêche sera donc toujours une des préoccupations incessantes du ministre de la marine.

L'article 3 de la convention conclue à Madrid le 2 janvier 1768 [1] pour l'intelligence de l'article 24 du Pacte de famille portait « que les pêches sur les côtes de France et d'Espagne seraient communes aux deux nations, à condition que les Français et les Espagnols s'assujettiraient respectivement aux lois, statuts et pragmatiques qui se trouveraient établis pour les pêcheurs nationaux ». Or, cette réciprocité n'avait jamais été gardée. On pouvait donc dénoncer ou, tout au moins, modifier le Pacte et la loi confirmative de 1790 si malheureusement interprétée. Mais il y avait à redouter des complications internationales, et on recula devant la nécessité de ne pas froisser des pays que nous avions alors à ménager. D'ailleurs, dans l'hypothèse même de l'abrogation du Pacte, on ne pouvait interdire aux Espagnols, Siciliens et Napolitains comme aux Sardes et aux autres étrangers, la faculté de pêcher dans notre mer territoriale qu'en s'écartant de l'usage suivi par la majorité des nations européennes.

Tout ce qu'on pouvait faire c'était donc, en maintenant le traité de 1761 au profit de ceux qu'il concernait, de prohiber formellement l'admission en France des produits de la pêche des Sardes et autres étrangers. « Cette mesure, exposait la Commission au Prince-Président par l'organe de son rapporteur M. de Bon, satisferait complètement les vœux des pêcheurs français de la Méditerranée, car elle atteindrait du même coup, à l'exception toujours des Catalans, des Napolitains et des Siciliens, les marins étrangers qui possèdent dans nos ports des armements de pêche et ceux qui viennent y stationner pendant quelques mois chaque année pour exercer leur industrie sur le même pied que les nationaux. » Mais la Commission s'empressait d'ajouter, d'accord en cela avec les divers administrateurs appelés jusqu'alors à examiner la question, que, des inconvénients fort graves étant attachés à la prohibition absolue sur nos marchés du poisson provenant de la pêche étrangère, elle se ralliait à une mesure moins radicale. Elle proposait en conséquence l'établissement d'un droit de douane modéré sur les produits de la pêche étrangère admis en France, proposition qui avait été déjà formulée en 1833 par le conseil d'administration du port de Toulon et que le conseil d'amirauté, dans sa séance du 29 novembre de la même année, avait adoptée à l'unanimité comme « conciliant au plus haut degré pos-

[1] Au recueil de M. Walter.

sible les intérêts divers des pêcheurs français, de l'inscription maritime et des consommateurs qui habitent le littoral ». En même temps
qu'elle déclarait que la solution de la question semblait résider dans
la fixation judicieuse d'un droit de douane, « qui, sans être trop
faible et par conséquent point assez protecteur, ne devait pas être
assez élevé pour devenir prohibitif[1], » la Commission demandait
au ministre de faire procéder préalablement, dans les ports du cinquième arrondissement, à une enquête minutieuse sur la situation.

L'enquête faite, la fixation du droit de douane donna lieu à de
longs débats[2]. Le 20 mai 1858, la Chambre, saisie de la question,
vota enfin un droit de 40 francs par 100 kilogrammes sur le poisson
frais de provenance étrangère[3]. Le droit, on le voit, était protecteur; mais, deux ans après, le Gouvernement, se rendant aux raisons
invoquées par les partisans de droits très modérés, admit (décret du
30 novembre 1860) l'importation du poisson de pêche étrangère,
frais, salé ou fumé, au taux depuis longtemps proposé de 10 francs
les 100 kilogrammes[4].

Ce n'était là, on le conçoit, qu'une demi-mesure. Aussi l'état des
choses n'a pas changé : il ne semble pas que l'application de ce
droit de douane si faible ait donné des résultats bien satisfaisants,
et de nos jours, comme en 1850, — cela ressort des renseignements

[1] En 1833, alors que la question de la concurrence étrangère était de la part de l'administration de la marine l'objet d'une étude approfondie, l'administration des douanes
avait annoncé qu'un droit de 44 francs par 100 kilogr. serait perçu sur le poisson frais
introduit par les pêcheurs étrangers autres que ceux bénéficiant de l'acte. Mais, sur les
pressantes réclamations de l'ambassadeur de Sardaigne et les plaintes des habitants de
Cette, lesquels prétendaient que leurs ateliers de salaison allaient être privés d'une alimentation suffisante, le ministre des finances, considérant que les droits des divers marins
étrangers qui fréquentaient nos ports de la Méditerranée n'étaient point nettement fixés
et que des inconvénients graves pourraient résulter de l'exclusion des pêcheurs sardes,
avait décidé, le 18 décembre 1833, que les pêcheurs étrangers seraient provisoirement
maintenus en possession des immunités dont ils avaient joui jusque-là pour le produit
de leurs pêches (*Rapport de la Commission*).

[2] Voir *Mémoire formant précis historique de la question de la réduction des droits à
l'importation du poisson de pêche étrangère*, par C. Verjus. Paris, 1851.

[3] Tout en maintenant un droit fort élevé, elle réduisait ainsi cependant le droit de
44 francs établi en 1833 par l'administration des douanes.

[4] Aujourd'hui, le taux pour le poisson frais est encore plus faible. En vertu des clauses
insérées au traité franco-belge du 31 octobre 1881, le droit est de 5 francs (la loi de
douanes du 1er mai 1867 l'avait déjà abaissé à ce chiffre), pour le poisson de mer frais de
toute provenance étrangère, sauf surtaxe de 3 fr. 60 à l'importation d'un pays hors
d'Europe par la voie d'un pays d'Europe. Il est de 10 francs pour le poisson salé, séché ou
fumé et le stockfish, et de 18 francs pour la morue et le clippfish.

généraux de la statistique — les pêcheurs étrangers font à nos nationaux une concurrence d'autant plus pernicieuse que, plus sobres, plus économes et plus laborieux, ils peuvent livrer leurs produits à des prix moins élevés. D'autre part, l'abrogation des dispositions du Pacte de famille concernant la pêche et la navigation par l'article 9 de la *Convention de commerce*, conclue le 8 décembre 1877 entre la France et l'Espagne, n'a entraîné et ne pouvait entraîner aucune modification sérieuse du *statu quo*; car, nous l'avons observé plus haut, les étrangers qu'elles favorisaient, s'ils deviennent passibles, en retombant dans le droit commun, des taxes qui frappent les étrangers en général, n'en continuent pas moins de jouir, en vertu de l'usage généralement suivi, de la faculté de se livrer à la pêche dans notre mer territoriale, sous la seule réserve de se conformer aux mêmes règlements que nos nationaux [1].

Ainsi, par suite des difficultés internationales et économiques qu'elle soulève, la question qui a fait à plusieurs reprises, de la part des départements de la marine, des finances et du commerce, l'objet d'une étude approfondie, est encore aujourd'hui sans solution définitive [2].

La Commission ne s'était occupée de la concurrence étrangère que

[1] Le *droit* de pêche était consacré formellement pour les Italiens, à charge de réciprocité, dans le traité de navigation signé le 30 avril 1886 avec l'Italie. Les clauses de ce traité étaient très favorables à l'Italie. « Le droit de pêche reconnu aux pêcheurs des deux pays dans les eaux du voisin, observait le *Sémaphore de Marseille*, est un droit tout à fait illusoire pour les pêcheurs français. La réputation de la côte italienne n'est plus à faire, et l'on sait quels sont les parages depuis longtemps connus sous le nom de mer sans poisson : il n'y a donc guère lieu de nous réjouir de cette réciprocité excellente pour les uns, nulle pour les autres, c'est-à-dire pour les Français. » — La Chambre des députés, par 263 voix contre 252, a refusé, dans sa séance du 13 juillet 1886, d'approuver la Convention franco-italienne.

Le décret du 19 novembre 1859 sur la pêche côtière dans le V° arrondissement maritime a réglé (art. 50) la condition des pêcheurs étrangers admis ou tolérés sur nos côtes de la Méditerranée. Il a stipulé, entre autres dispositions, qu'ils jouiraient des avantages réservés aux membres de la communauté de laquelle ils relèveraient, mais qu'ils seraient soumis à la juridiction des prud'hommes pêcheurs et à la contribution de la demi-part, ainsi qu'à l'accomplissement des prescriptions réglementaires relatives à la police de la pêche et de la navigation maritimes.

[2] Comme l'exprime M. Berthelot (*Études sur les pêches maritimes*), le mieux, dans cette question délicate, serait de nous approprier les pêcheurs étrangers en les obligeant de devenir entièrement Français. Cette idée s'était fait jour dès 1833 et était développée dans un long rapport du maire de Marseille contre les immunités des pêcheurs étrangers.

Entrant dans une voie nouvelle, le ministre de la marine a déposé sur le bureau de la Chambre des députés, dans la séance du 2 juillet 1887, un projet de loi adopté par le Sénat ayant pour objet d'interdire la pêche aux étrangers dans les eaux territoriales de France et d'Algérie. Ce projet vient d'être aussi adopté par la Chambre (séance du 2 février 1888).

comme d'une question préliminaire à ses travaux, et elle avait déclaré que, du ressort exclusif du droit international, la solution n'en saurait, sans inconvénient, trouver place dans la loi projetée.

On ne trouve non plus dans cette loi aucune disposition spéciale relative aux filets traînants, mais elle dispose dans son article 3 que « des décrets détermineront pour chaque arrondissement ou sous-arrondissement maritime les règles auxquelles sera désormais assujettie la pêche en bateau ». La Commission, pour justifier son abstention dans la question, exposait dans son rapport, en expliquant cet article 3, qu'elle avait cru devoir attribuer au pouvoir exécutif le soin d'une réglementation minutieuse, variable avec les conditions de chaque localité. Et, en cela, elle avait raison : car le caractère général que doit revêtir une loi ne pouvait s'adapter à la mobilité et à la multiplicité des règlements sur la pêche en bateau. Mais par cela même qu'ils ne la consacraient pas par une disposition formelle et générale, la Commission et le législateur renonçaient à adopter la prohibition absolue comme remède souverain aux funestes résultats de la pêche à la traîne. Et cependant, il nous semble que cette mesure radicale eût été préférable.

C'est sans doute aussi l'opinion des Américains qui, en gens pratiques, se gardent bien d'employer les grands filets traînants, et conservent ainsi leurs côtes très poissonneuses. « Que diraient nos chalutiers, écrivait M. de Broca, à son retour d'Amérique [1], si on leur apprenait qu'aux États-Unis où la pêche côtière s'exerce sur des espaces immenses, où l'abondance règne partout, le chalut n'est usité nulle part, sans excepter les localités où il pourrait plus particulièrement donner d'énormes bénéfices ? Rien n'est plus vrai, cependant; et si les pêcheurs de cette contrée ne s'en servent point et donnent la préférence à d'autres filets et à la pêche aux cordes, c'est parce qu'ils ont reconnu ses effets destructeurs et la nécessité d'en prohiber l'emploi. »

Sans doute, il existe des fonds dégarnis de frai et de fretin, où la traîne peut se faire sans inconvénients. On pourrait donc l'y autoriser, comme l'ont fait les décrets de 1853, de 1859 et de 1862, et mettre en interdit les *cantonnements* du frai et du poisson du jeune âge. Cela est très satisfaisant en théorie. Mais comment, en fait, avec

---

[1] *Aperçus divers sur la pêche côtière aux États-Unis*. Paris, 1863.

les moyens dont on dispose[1], assurer le respect de ces cantonnements ? Comment, en fait, contraindre le pêcheur à ne s'approcher de la côte qu'à telle ou telle distance, à ne pratiquer son art que dans certains parages, à certaines époques et dans de certaines conditions ? « Comment, en un mot, exercer sur le domaine sans bornes de la mer la police étroite déjà si difficilement applicable sur l'étendue limitée des eaux intérieures ? Et, quand on y parviendrait, pourrait-on se flatter d'avoir acquis un résultat véritablement en rapport avec les moyens mis en œuvre ? Il ne faut vouloir que ce qui est pratique et d'une utilité patente. Une réglementation qui voudrait aller plus loin risquerait de manquer d'autorité morale et de créer au pouvoir chargé de son application les plus graves embarras[2]. » Si l'on jette les yeux sur le passé, on remarque en effet que toutes les mesures restrictives de la pêche à la traîne ont été impuissantes à en réprimer les abus. Aussi sa prohibition absolue et la proscription des engins dont elle fait usage nous apparaissent-elles comme le moyen le plus pratique de couper court à ses effets désastreux.

La prohibition ne saurait évidemment s'appliquer qu'aux eaux territoriales, les seules qui soient soumises à l'autorité de la nation riveraine, c'est-à-dire, en France, qu'à la zone comprise entre le rivage et la distance de trois milles. Mais, d'une part, la traîne est pernicieuse surtout en deçà de trois milles; d'autre part, l'interdiction de fabriquer, de vendre et de posséder, en France, des engins traînants, et la défense d'y armer pour la traîne amèneraient bien

[1] Leur insuffisance est universellement reconnue. « Des stations qui ont 30 kilomètres d'étendue comme celle de Hillion, ou 42 kilomètres comme celle de Saint-Cast, écrivait, en 1879, M. le commissaire Charpentier (*Rapport sur le repeuplement des eaux de la mer du quartier de Saint-Brieuc*), ne peuvent pas être efficacement surveillées. Beaucoup d'abus s'y produisent à l'insu du seul garde maritime préposé à ces côtes. » Dans le quartier d'Arles, pour surveiller une étendue de côtes et de rives de près de 580 kilomètres, il n'y a que quatre agents! Outre la rareté des agents de surveillance, il y a lieu de regretter aussi l'infériorité de vitesse de nos petits bâtiments garde-pêche, qui sont presque tous à voiles et dont plusieurs ne sont même que des pontons. Leur remplacement par des petits vapeurs du genre du *Surveillant* qui est affecté, dans le Morbihan, à la police des huîtrières et donne d'excellents résultats, nous semble une réforme à accomplir le plus tôt possible. Enfin, le taux des amendes devrait être relevé, car il est si minime que la condamnation à l'amende constitue actuellement une véritable invitation à la récidive, d'autant plus que les pêcheurs condamnés obtiennent de l'autorité municipale des certificats d'indigence avec une facilité vraiment abusive. Nous sommes loin des pénalités rigoureuses édictées aux États-Unis où l'emploi d'un engin prohibé est punissable d'une amende allant jusqu'à 1500 francs (Voir le travail de M. de Broca).

[2] Fournier et Henrici Bajon, *Cours d'administration de la marine*, tome II.

vite nos pêcheurs à renoncer à la pratique de cette pêche même au-
delà de trois milles, dans la mer libre, et, avec l'exclusion, sur nos
marchés, du poisson frais de provenance étrangère, décourageraient
aussi les pêcheurs étrangers qui tenteraient de l'exercer à proximité
de notre mer territoriale.

On a fait toujours valoir, il est vrai, pour justifier la tolérance de
la pêche à la traîne, les avantages de l'accroissement de notre personnel naval. L'administration de la marine a toujours reculé devant
son interdiction, dans la conviction que ce mode de pêche contribuait plus que tout autre au recrutement de notre flotte, et, d'autre
part, elle n'a jamais contesté son caractère dévastateur. Aussi, prise
entre deux intérêts contraires, poussée d'un côté à fermer les yeux
sur les abus pour favoriser la pêche à la traîne, portée d'un autre côté
à les réprimer pour conserver l'aliment de cette même pêche, source
la plus féconde de l'inscription maritime, elle a toujours édicté de
sages mesures; mais, toujours aussi, elle a donné dans la tendance,
favorisée d'ailleurs par la difficulté d'exercer une police efficace, de
ne pas tenir strictement la main à leur application.

S'il nous est permis de partager l'avis d'hommes très compétents [1],
nous dirons que ce système a contribué pour beaucoup à accentuer
le dépeuplement de nos eaux littorales et qu'il repose sur un raisonnement dont l'exactitude peut être contestée.

Une chose est certaine : quand il n'y aura plus de poisson, il n'y
aura plus de pêcheurs, et plus le poisson sera abondant, plus sera
nombreux le personnel de la petite pêche. Il faut donc, dans l'intérêt
même présent et futur de la flotte, assurer avant tout la conservation
des espèces, et il est hors de doute que la prohibition absolue de la
pêche à la traîne y contribuerait plus que toute autre mesure [2].

Or, cette prohibition, loin d'abaisser le chiffre de nos inscrits
maritimes, en entraînerait au contraire, croyons-nous, une augmen-
tation notable. En effet, toutes choses égales d'ailleurs, la pêche des
petits arts exige plus de bateaux et plus d'hommes que la pêche à
la traîne. La traîne supprimée, il y aurait donc beaucoup plus de

[1] Voir les ouvrages de MM. Berthelot et Rimbaud.
[2] N'en citons pour preuve que cette observation consignée aux renseignements généraux de la *Statistique des pêches maritimes* de 1876 et relative à l'interdiction de la
pêche aux filets traînants dans la rade de Toulon pendant les mois d'avril, de mai et de
juin : « Au moment où l'interdiction cesse, *il y a abondance de petits poissons*; mais
ils disparaissent en quelques semaines par suite de la puissance de destruction des engins
que l'on emploie pour les capturer. »

pêcheurs ; car, grâce à l'abondance revenue bientôt dans nos eaux littorales et à l'activité que cette abondance provoquerait dans la consommation, les petits arts, offrant désormais au pêcheur une rémunération suffisante de son travail, seraient très florissants, au lieu qu'aujourd'hui et depuis longtemps, dans un assez grand nombre de quartiers maritimes, il le déserte pour s'adonner à la pêche moins improductive du gangui et du chalut ; et c'est par suite de cet abandon seul, qu'actuellement la pêche à la traîne est la source la plus féconde du recrutement de la flotte. Mais si on laisse cette industrie funeste poursuivre ses envahissements, elle finira par dominer seule, et anéantir tous les autres arts, puis elle-même, au grand détriment de l'inscription maritime.

Un fait frappant, observait M. Sabin Berthelot en 1868 [1], peut être cité à l'appui de cette opinion. En 1861, la pêche dans la province maritime de Malaga donnait un produit environ douze fois supérieur à celui qui avait été obtenu en 1831 (7,778,162 kilog. au lieu de 660,925). Or, en 1828, l'industrie des bateaux-bœufs avec filets traînants y avait été proscrite et n'avait pas été exercée depuis. D'autre part, le produit de la pêche dans les provinces maritimes de Cadix, Sanlucar et Huelva où la traîne s'était exercée librement, n'avait pas même triplé pendant la même période, de sorte que, en 1861, la province de Malaga comptait, à elle seule, plus des deux tiers du personnel maritime de ces trois provinces. Ces données extraites de documents officiels [2] témoignent d'une manière irrécusable des avantages de la pêche des petits arts, puisque, en approvisionnant les marchés des meilleurs poissons [3], ils mettent à la disposition de l'État un personnel maritime beaucoup plus nombreux. Aussi, par un décret en date du 9 décembre 1865, rendu en conformité des conclusions de la Commission permanente des pêches, la reine Isabelle décida la suppression de la pêche aux bœufs, cet « *arte pernicioso* » qui avait dépeuplé les côtes méridionales d'Espagne [4]

[1] *Études sur les pêches maritimes de l'Océan et de la Méditerranée.*
[2] *Estudios sobre la pesca con el arte denominado Parejas del Bou, y reglamento para su régimen presentado por la comisión permanente de pesca por su vocal secretario Cesareo Fernandez, aprobado por Real orden de 9 de diciembre de 1865.* Madrid, 1866.
[3] Le poisson de traîne, mort étouffé et tourmenté dans l'eau durant une course violente, est de qualité bien inférieure.
[4] D. Antonio Sanez-Reguart, *Diccionario histórico de los artes de pesca nacional,* Madrid, 1791.

Afin de ne pas ruiner du jour au lendemain les pêcheurs à la traîne, cette suppres-ion

et donnait lieu, depuis cent cinquante ans, à d'interminables débats.

En France, l'administration de la marine n'eut pas la hardiesse d'entrer dans cette voie. Elle se flatta qu'une réglementation serrée donnerait de très bons résultats, et, après des études fort consciencieuses, elle fit rendre les décrets du 4 juillet 1853 pour les quatre premiers arrondissements maritimes, et celui du 19 novembre 1859 pour le cinquième. Mais on se brisa contre l'écueil qui était à redouter : les nouvelles prescriptions furent trop minutieuses pour ne pas être vexatoires; et les réclamations, s'élevant de toutes parts, achevèrent de rendre impossible l'application, déjà très difficile, d'une législation dont les avantages théoriques étaient pourtant incontestables. Le département de la marine fut lui-même obligé de reconnaître que son œuvre n'était pas très pratique, et les circulaires ministérielles enjoignirent à ses agents d'user de tolérance. Les réclamations devinrent même si pressantes vers 1860 que le département, toujours soucieux de faire prédominer, dans son administration des gens de mer, l'idée de protection sur l'idée de police, se résolut à reviser la législation, si jeune pourtant, de la pêche côtière en vue de dégager cette industrie des entraves qui pouvaient gêner son essor. Mais on donna alors dans un excès opposé; car le décret du 10 mai 1862, qui règle encore aujourd'hui la matière, préparé cependant après les très sérieuses investigations faites par une commission sur toute l'étendue de nos côtes, fut conçu dans un esprit par trop

---

devait être opérée sans violence, par une série de restrictions progressives dont la graduation intelligente ménageait leurs intérêts dans la limite du possible, tout en amenant l'entière extinction de la traîne. Ainsi le règlement autorisait la continuation de cette pêche dans les provinces où elle était usitée, mais en prohibant la construction de nouvelles barques de traîne, le carénage des anciennes, le remplacement et la réparation des filets hors de service.

L'argument reproduit par M. Sabin Berthelot, après M. Cesareo Fernandez, semblait si concluant que nous avons tenu à en contrôler nous-même toute la portée. Nous devons à ce sujet d'intéressants renseignements à l'extrême obligeance de M. le capitaine de frégate Pedro de la Puente, secrétaire de la Commission centrale des pêches au ministère de la marine, à Madrid, que nous ne saurions trop remercier ici de la parfaite amabilité avec laquelle il a bien voulu se mettre à notre disposition pour tout ce qui pouvait nous être utile. Nous ne pourrions, sans une trop longue digression, exposer, dans le présent travail, les détails précieux qu'il a bien voulu nous donner sur l'état actuel de la pêche en Espagne, mais nous espérons en faire l'objet d'une étude ultérieure. Disons seulement que l'exactitude des données du rapport de M. Cesareo Fernandez est contestée, mais que, d'ailleurs, les conditions si nettement formulées de ce rapport ne sauraient être tenues pour nulles et non avenues par cela seul que l'on conteste une partie des faits sur lesquels elles reposent.

libéral, et, pour vouloir se montrer conciliant à l'égard des pêcheurs, ne fut plus assez protecteur de la production contre le danger de leur imprévoyance[1].

Il est d'ailleurs à noter qu'un mois seulement après la promulgation du nouveau décret, une dépêche ministérielle du 6 juin, toujours en vigueur, qui ne fut insérée qu'en novembre au *Bulletin officiel de la marine* (Circ. 14 novembre 1862), et qui a été confirmée récemment encore par une autre dépêche à Lorient du 31 janvier 1880, usant en somme de la faculté ouverte au ministre, par l'article 6 du décret, d'autoriser la pêche à la traîne même en deçà de 3 milles, quand il le jugerait à propos, prescrivit d'une manière générale de maintenir les dispositions antérieures auxquelles ce décret pourrait apporter quelques restrictions.

Les chaluts, ganguis et tous autres filets traînants, ces brûle-mers (*brucciamare*), comme les appellent les Italiens, continuèrent donc à parcourir la mer territoriale et les parties les plus rapprochées du rivage. Et aujourd'hui encore, malgré les dispositions réglementaires de 1862 et à la faveur même des instructions ministérielles, ils poursuivent sur beaucoup de points leur œuvre de ruine, en labourant impunément les fonds encore un peu poissonneux de la région littorale[2].

[1] « Ce décret, Sire, pourrait bien affirmer M. de Chasseloup-Laubat dans son rapport à l'Empereur, laisse une entière liberté à nos pêcheurs. Au delà de certaines limites que, pour la conservation des espèces, il a paru nécessaire d'assigner, il leur sera permis désormais de se livrer à leur industrie comme bon leur semblera ; et, si certaines restrictions peuvent y être apportées temporairement, c'est sur leur demande même, dans leur propre intérêt, et parce qu'ils en auront reconnu la nécessité soit pour se conserver la pêche de poissons de passage, soit pour ménager la production de certains fonds. Enfin les limites elles-mêmes, que le décret détermine d'une manière générale, disparaîtront partout où, pour une cause quelconque, il n'y aura pas de motifs sérieux pour les maintenir. »

[2] Le décret prohibe, sauf autorisations locales, l'emploi de filets traînants à moins de trois milles de la laisse de basse-mer (art. 6). Les décrets de 1853 avaient réglé pour chaque localité les fonds dégarnis de fretin où la pêche à la traîne pourrait s'exercer. Mais l'insuffisance des moyens de surveillance, proclamée par tous les commissaires d'inscription maritime, tous les syndics, et reconnue par les pêcheurs eux-mêmes, a toujours empêché et empêche encore aujourd'hui d'assurer le respect de leurs minutieuses dispositions. Remarquons que, actuellement, aux inconvénients de la réglementation difficilement applicable de 1853, que la circulaire de 1862 a remise en vigueur, viennent s'ajouter tous ceux qu'entraînent les nouvelles libertés consenties par le décret du 10 mai 1862. En 1874, une tentative fut faite à Lorient pour faire rentrer la pêche à la drague dans les strictes limites fixées par le décret du 10 mai 1862, c'est-à-dire pour faire interdire ce genre de pêche partout en deçà de trois milles. Mais, par une dépêche du 17 avril 1874, le ministre fit savoir qu'*il ne lui paraissait pas opportun de modifier l'état des choses existant* (Archives du commissariat général).

Ainsi, la question des filets traînants n'a pas plus reçu de solution radicale que celle de la concurrence étrangère, en ce sens que l'administration de la marine, pénétrée de cette idée que la pêche à la traîne est indispensable à la prospérité de l'inscription maritime, et ne saurait disparaître, même graduellement, sans amener la ruine et provoquer la résistance opiniâtre d'une partie notable de la population du littoral, a toujours reculé devant la stricte application de règlements qu'elle reconnaissait cependant nécessaires, puisqu'elle les édictait, et dont il eût fallu qu'une observation rigoureuse compensât la modération.

Tout autre fut le mode d'agir à l'égard des parcs et pêcheries : on ne pouvait avoir aucun scrupule en pareille matière; car, nous l'avons dit, rien ne signale ceux qui les détiennent à l'indulgence du législateur. On se montra ferme. La législation vigoureuse et catégorique qui naquit des travaux de la Commission a été la partie durable et bienfaisante de son œuvre, et, quelles que soient les refontes qu'ait à subir ultérieurement le Code de la pêche maritime côtière, nous ne pensons pas que jamais on hésite à la conserver, au moins dans toutes ses dispositions essentielles. Elle ne fit d'ailleurs que rajeunir les vieux monuments de l'ancienne réglementation et les mettre en harmonie avec les exigences nouvelles, de façon à en assurer l'entière efficacité.

La Commission estima que la question des parcs et pêcheries était trop grave pour laisser à des décrets, ainsi que l'avait fait le projet de loi Marée, le soin de statuer à leur égard. Elle en fit, en conséquence, l'objet de l'article 2 de son projet, imitant en cela les dispositions de l'article 21 de la loi du 15 avril 1829, sur la pêche fluviale. Elle réservait d'ailleurs au pouvoir exécutif, par le § 8 de son article 3, le soin de régler, suivant les localités, toutes les questions de détail [1].

[2] Les pêcheries avaient été maintes fois, depuis leur origine, signalées, à juste titre, comme la cause la plus active de la destruction du poisson sur nos côtes; elles faisaient, en outre, une si désastreuse

[1] Art. 3. « Les décrets détermineront pour chaque arrondissement ou sous-arrondissement maritime....
8° Les formes, dimensions, modes de clôture et d'exploitation des pêcheries à demeure ou temporaires, des parcs à huîtres ou à moules et des dépôts quelconques de coquillages, les rets, filets, engins, bateaux, instruments et matériaux qui pourront y être employés. »

concurrence aux pêcheurs que l'on avait pu, depuis longtemps, constater une diminution notable du personnel maritime, dans les localités où il existait des pêcheries; d'ailleurs, elles envahissaient une portion du domaine public au profit d'intérêts privés, et il était notoire que, sauf de rares exceptions, ces empiétements avaient eu lieu jusqu'alors de la façon la plus irrégulière. D'autre part, si les parcs à huîtres ou à moules et les autres dépôts de coquillages ne présentaient point les mêmes inconvénients que les pêcheries et étaient, au contraire, très favorables à tous les intérêts qu'elles froissaient, ils n'en étaient pas moins établis comme elles sur le domaine public, présentaient souvent de véritables dangers pour la navigation et ne pouvaient dès lors légalement exister que par suite d'une autorisation en forme. Ce fut en se basant sur ces considérants que la Commission comprit tous les établissements de pêche dans une même prohibition.

« Aucun établissement de pêcheries à demeure ou temporaires, dispose en effet l'article 2 de son projet, de quelque nature qu'il soit, aucun parc, soit à huîtres, soit à moules, ou dépôt quelconque de coquillages, ne peuvent être formés sur les grèves, le long des côtes, ni dans les parties des fleuves et rivières où les eaux sont salées, sans une autorisation spéciale. » Ici se présentait une grave question, qu'il importait d'autant plus de résoudre qu'elle avait soulevé un conflit encore pendant entre plusieurs départements ministériels. Quelle était l'autorité qui devait être investie du pouvoir d'autoriser ?

Sous l'ancien régime, les amirautés étaient seules en possession de donner l'autorisation de construire des établissements de pêche sur les rivages de la mer[1]. Après leur suppression par la loi des 9-13 août 1791, les chefs des classes, représentés aujourd'hui par les commissaires d'inscription maritime, c'est-à-dire les agents du département de la marine, se trouvèrent investis de toutes celles de leurs attributions qui n'étaient que d'administration et de police. Depuis cette époque, les chefs du service de la marine, dans les arrondissements maritimes, furent constamment en possession du droit de statuer sur les demandes de construction ou de reconstruction des parcs et pêcheries.

---

[1] Les officiers de l'Amirauté étendaient sur tout le rivage de la mer leur juridiction privativement à tous autres, tant civile que criminelle et de police (Valin, livre IV, titre VII, art. 1er).

Leur compétence, que l'usage constant et la nature des choses avaient établie, semblait encore avoir été consacrée par deux actes législatifs. En effet, l'arrêté consulaire du 9 germinal an IX (30 mars 1801) chargeait le ministre de la marine d'accorder la permission de caler les madragues, et le règlement royal du 24 juillet 1816, en maintenant provisoirement les étalages et parcs à huîtres existant dans les baies de Granville et de Cancale[1], avait encore exclusivement investi l'administration de la marine du droit de surveiller l'installation et l'usage de ces établissements, et de prononcer sur l'extension qu'il y aurait lieu de leur donner.

Néanmoins, la compétence de l'administration de la marine, en matière d'autorisation d'établissements de pêche, avait été plusieurs fois contestée.

En 1820, le préfet de la Charente-Inférieure avait déjà élevé quelques difficultés sur le droit que pouvait avoir le ministre de la marine d'autoriser la reconstruction d'un parc en pierres et d'un bouchot en clayonnages, dont l'existence, à une époque très ancienne, n'était pas douteuse. Mais il ne contestait pas positivement le droit du ministre; il ne réclamait pas pour lui-même le droit de concéder les autorisations; il voyait, dans le fait dont il s'agissait, une construction nouvelle prohibée formellement par l'ordonnance de 1681, et, par suite, une infraction qu'il devait déférer au conseil de préfecture, en vertu de la loi du 29 floréal an X, chargeant l'autorité administrative de constater et de poursuivre les contraventions en matière de grande voirie, et du décret du 10 avril 1812, déclarant cette loi applicable *aux travaux de la mer*.

En 1847, un sieur Duvau sollicita, du préfet de l'Ille-et-Vilaine, l'autorisation de construire un parc en pierres sur une portion de grève. Le ministre de la marine s'opposa justement à cette concession prohibée par l'ordonnance de 1681. Le sieur Duvau réduisit alors sa demande à une autorisation temporaire, qui lui fut accordée par le chef du service de la marine à Saint-Servan. Mais intervint l'administration des domaines : elle prétendit, par une inconcevable confusion des principes et une étrange intelligence des lois

[1] Il faut remarquer que si la législation antérieure à 1852 fournit plusieurs documents touchant la pêche des huîtres et des moules, ces documents, à l'exception du règlement de 1816, ne parlent jamais des réservoirs dans lesquels on élève ces mollusques sur le rivage.

en vigueur, que, les rivages de la mer étant dans le domaine public, elle avait le droit d'en aliéner des parties, lorsque les intérêts de la voirie et de la navigation ne s'y opposaient pas, et que, par suite, l'opposition faite par le ministre de la marine était intempestive. Elle soutint, en outre, que l'occupation, même temporaire, d'une portion de grève ne pouvait pas être gratuite, qu'elle devait donner lieu à une amodiation, comme tout usage temporaire des biens de l'État; que, dès lors, l'autorisation donnée au concessionnaire par le département de la marine ne le dispensait pas de se pourvoir auprès du département des finances, pour obtenir un titre d'amodiation.

Enfin, tout récemment, la compétence de l'administration de la marine venait d'être encore plus nettement contestée, par le préfet de la Manche. « Les rivages de la mer, disait-il en méconnaissant, comme l'administration des finances, tous les principes qui doivent guider en pareille matière, les rivages de la mer appartiennent à l'État. Le préfet représente l'État dans tous les actes civils qui concernent le domaine public et le domaine proprement dit. Si donc une concession d'une partie des rivages de la mer a lieu, c'est par le préfet qu'elle doit être faite, sauf, selon le cas, à demander l'approbation de l'autorité supérieure. Ce droit de surintendance accordé au préfet résulte suffisamment des lois des 29 floréal an X et 10 avril 1812; et c'est en vertu de cette surintendance qu'il réglemente tout ce qui concerne la police sur le rivage..... Concéder le droit de construire un parc, c'est concéder une partie du domaine de l'État, et c'est au préfet, représentant l'État, à faire dans ce cas acte d'administration. »

Le ministre de la marine s'empressa de soumettre cette prétention à ses collègues de l'intérieur et des finances. Le ministre des travaux publics ne fut pas consulté, bien que, cependant, la grande voirie rentrât dans ses attributions. Le ministre de l'intérieur, par une lettre du 28 juillet 1849, appuya la prétention du préfet de la Manche. Celui des finances en fit autant, dans sa réponse du 22 octobre de la même année, et profita de l'occasion pour renouveler la théorie de l'administration des domaines au sujet de la redevance.

Tel était l'état de la question quand la Commission l'examina.

Elle déclina toute compétence pour la trancher, et afin de saisir le Conseil d'État du conflit d'attributions que, d'après l'article 5 de la loi organique des 15-27 janvier-3 mars 1849, il n'appartenait qu'à lui de résoudre, elle laissa, par le second paragraphe de l'article 2 du projet de loi, à un règlement d'administration publique le soin de déterminer les formes de l'enquête qui devait précéder toute nouvelle autorisation de pêcherie.

Sur ces entrefaites, le ministre de l'intérieur, avant de recourir au Conseil d'État pour faire vider la question soulevée par le préfet de la Manche, exprima le désir de connaître l'avis de la Commission. Le ministre de la marine saisit donc de nouveau cette dernière, et tout spécialement, de cette question de droit que son rapporteur, M. de Bon, n'avait qu'indiquée dans son rapport général du 13 mars 1850. Elle en fit alors une étude approfondie dont Royer-Collard résuma les conclusions dans un autre rapport très remarquable, en date du 25 novembre, rapport que nous avons mis largement à contribution pour les renseignements qui précèdent, et dont même plus d'une fois nous avons emprunté les termes. Ce rapport mettait en relief l'incroyable confusion qu'avaient faite entre le domaine public et le domaine de l'État[1] le ministre des finances et le préfet de la Manche, rectifiait les conséquences erronées tirées par eux de ce faux point de départ et restituait enfin aux concessions

[1] « Les rivages de la mer ne sont pas plus susceptibles de propriété privée que la mer elle-même (Ord. 1681, livre IV, titre VII, art. 1er). Ce ne sera donc jamais par un acte de l'autorité, quel qu'il soit, que cette portion du domaine public (Code civil, art. 538) pourra en être détachée pour être incorporée au domaine de l'État : la loi elle-même ne prévoit pas contre la nature. » Et, en effet, c'est au seul cas où ils sont devenus lais ou relais que les rivages de la mer, ainsi sortis du domaine public en devenant susceptibles de propriété privée, deviennent aliénables en vertu de l'art. 41 de la loi du 16 septembre 1807 sur le dessèchement des marais. « Si l'administration est tenue d'affermer les biens du domaine de l'État non affectés à un service public, d'après les termes de la loi des 23 et 28 octobre-5 novembre 1790, cela ne s'applique qu'aux biens nationaux et ne saurait être étendu au domaine public... qui n'appartient à personne, pas même à l'État... Aucune portion des rivages de la mer ne peut donc être l'objet ni d'une concession proprement dite, ni d'une amodiation... Les pêcheries sédentaires dont l'usage est permis par l'ordonnance de 1681 ne donnent donc aucun droit de propriété à ceux qui les élèvent, et l'autorité est toujours maîtresse de les faire disparaître. C'est ce qui fait dire à Valin que loin de nuire à la liberté de la pêche, elles concourent à l'entretenir et, en effet, ce n'est qu'un usage de cette liberté, usage tempéré et réglé par les lois. Ainsi il est entendu qu'il n'est permis à personne de bâtir sur les bords de la mer, d'y planter aucun pieu ni faire aucuns ouvrages sans qu'il ait été constaté qu'il n'en peut naître aucun préjudice pour la navigation (Ord. 1681, livre IV, titre VII, art. 2). Et lorsque l'autorité permet l'établissement d'une pêcherie, elle ne donne qu'une autorisation précaire, expressément révocable, soumise à des conditions positives. Dès lors, celui qui la construit dans les termes mêmes de son titre ne jouit jamais que par simple tolérance et ne peut sous aucun prétexte invoquer ni possession ni prescription (Code civil, art. 2232-2260). » (Rapport de M. Royer-Collard.)

de pêche..es leur véritable caractère de simple: autorisations, gratuites et essentiellement révocables. Passant ensuite à l'avis demandé, il exposait que la majorité de la Commission[1], estimant que, sous tous les rapports, la marine paraissait appelée plus que les autres départements ministériels[2] à statuer sur les demandes relatives aux pêcheries, opinait pour le maintien et la consécration par la loi de l'usage constamment suivi depuis la suppression des amirautés, et pour l'attribution exclusive au ministre, en raison de son importance, du droit d'autorisation. Toutefois, pour concilier tous les intérêts, elle demandait que le règlement d'administration publique à intervenir disposât que l'enquête préalable serait faite, comme cela avait déjà été projeté en 1829 et en 1832 entre les ministres de la marine, de l'intérieur et des finances (*Lettre du ministre des finances* du 23 août 1832), par une commission mixte où chaque département intéressé serait représenté.

Les conclusions de la Commission furent adoptées, car l'article 2[3]

[1] Quelques membres avaient exprimé l'avis que personne ne serait plus compétent que le préfet du département pour accorder les autorisations, après qu'il se serait assuré l'adhésion des ministères de la marine, des travaux publics, de la guerre, de l'intérieur et des finances.

[2] Et en effet, l'administration des travaux publics n'est intéressée que par les contraventions à la grande voirie : elle n'a ni la disposition du rivage ni la police de la pêche; le département de la guerre n'a qu'un intérêt très secondaire pour la défense; celui de l'intérieur n'aurait à intervenir que bien rarement pour sauvegarder l'intérêt des communes, et il n'est engagé dans la question que parce que la justice administrative rentre dans son ressort; enfin l'administration domaniale n'a dans la question qu'un intérêt éventuel lorsque le rivage de la mer rentre dans le domaine de l'État comme lui ou celui, ou lorsque, contrairement aux principes, on impose — ce qui a lieu aujourd'hui — redevance aux détenteurs. Le département de la marine, au contraire, est très vivement intéressé à la question comme chargé de la police de la pêche, de la sécurité de la navigation, et du régime de l'inscription maritime.

Les autres départements le reconnaissaient bien. Car ceux de la guerre et des travaux publics n'avaient jamais réclamé contre ce qui se pratiquait depuis 1791 ; celui de l'intérieur était disposé à assurer le maintien de l'usage établi, « s'il résultait de faits précis, concordants et suffisamment nombreux, » que cet usage était constant (*Lettre du ministre de l'intérieur* du 23 juillet 1819). Le ministre des finances lui-même avouait (*Lettres du 23 août 1832 et du 22 octobre 1819*) que, dans ces questions, « l'intérêt prédominant est celui de la navigation », ce qui, à notre avis, n'est pas exact, celui de la pêche y était beaucoup plus engagé, mais signifiait par là que c'est le département de la marine qu'elles concernent d'une manière plus immédiate (V. le *Rapport de M. Royer-Collard*.)

[3] Art. 2. « Aucun établissement de pêcherie, de quelque nature qu'il soit, aucun parc soit à huîtres, soit à moules, aucun dépôt de coquillages ne peuvent être formés sur le rivage de la mer sans une autorisation spéciale délivrée par le ministre de la marine.

« Un règlement d'administration publique déterminera les formes suivant lesquelles cette autorisation sera accordée et pourra être révoquée. »

du décret-loi du 9 janvier 1852 met comme condition essentielle à l'établissement d'une pêcherie, de quelque nature qu'elle soit, l'autorisation spéciale *délivrée par le ministre de la marine*. Remarquons de plus que cet article fondamental, pour éviter tout malentendu, mentionne expressément que les autorisations sont révocables, ce que ne faisait pas l'article 2 du projet. Notons aussi que ses termes généraux assujettissent à cette formalité, d'une part, outre les établissements à demeure, les établissements temporaires, consistant en filets attachés à des pieux, que l'ordonnance de 1681 ne soumettait à aucune autorisation préalable et dont la police était réglée en dernier lieu par la déclaration du 18 mars 1727; d'autre part, — et cela en vertu du droit de police de la marine, — les établissements formés non seulement sur le domaine public, mais encore, sur des propriétés privées alimentées par l'eau de mer [1].

Le législateur de 1852, on le voit, se montrait moins rigoureux que celui de 1681 : ce dernier, en effet, prohibait formellement toute construction nouvelle de pêcherie émergente; celui de 1852, au contraire, généralisant le régime spécial établi par le titre IV du livre V de l'Ordonnance de la marine pour les madragues et les bordigues, attribuait au ministre le pouvoir d'autoriser tout établissement de pêche, quand il lui semblerait inoffensif. Nous verrons plus loin comment le ministre a usé de ce droit.

Après avoir posé les principes qui devaient être le fondement de la nouvelle législation, il importait d'en assurer le respect absolu, d'autant plus que la loi nouvelle avait surtout pour but de remplacer la partie la plus défectueuse des anciens règlements, c'est-à-dire leur partie pénale.

Bien que la suppression immédiate des pêcheries à demeure fût possible en droit [2], « la continuation de possession après 1681 des

[1] Dans ce sens : arrêt de cassation du 19 juillet 1876 (Affaire Messager). Ainsi, un étang d'eau salée qui se communique avec la mer qu'au moyen d'une coupure pratiquée dans un canal fait de main d'homme à travers une rivière, et dont la communication n'est point, par suite, directe et immédiate, ne fait point partie du domaine public (Arrêt de la Chambre des requêtes du 6 février 1849). Les bordigues aujourd'hui existantes sont toutes, à l'exception d'une seule, établies sur de semblables propriétés privées.

[2] Il n'était, en effet, aucune de ces pêcheries en pierres ou en bois dont les possesseurs pussent revendiquer légalement le maintien; car, aux termes de l'ordonnance de 1681, leur existence ne pouvait être régulière que si elles avaient été fondées antérieurement à 1544, ce dont on n'aurait su produire la preuve en forme, puisque Valin déclarait déjà de son temps qu'il n'y avait aucun seigneur ou particulier qui pût justifier de titres

parcs antérieurs et créés depuis 1544, la création de nouveaux parcs, l'inexécution de l'ordonnance de 1681, la tolérance de l'administration, la bonne foi des possesseurs, le nombre prodigieux de transactions auxquelles ces pêcheries avaient donné lieu par ventes enregistrées, par cessions de droits immobiliers, par partages, contrats de mariage, etc., ne permettaient pas une mesure qui aurait bouleversé des fortunes et aurait été le démenti de la tolérance admise jusqu'alors[1]. » Aussi, la Commission, désireuse de concilier autant que possible les intérêts généraux avec l'équité, et d'éviter d'ailleurs les difficultés inextricables que n'aurait pas manqué de soulever une pareille mesure, écarta l'idée de l'éviction de leurs détenteurs actuels. Là encore, elle se montrait plus libérale que la législation de 1681; mais nous verrons que le département de la marine affronta courageusement ces difficultés, et réalisa, sans le secours d'une disposition législative formelle, ce qu'on n'avait pu faire sous l'ancien régime malgré l'appui des ordonnances.

La Commission estima donc qu'il était suffisant de mettre en demeure les possesseurs de pêcheries de se conformer aux règles conservatrices de la pêche dans l'installation et l'exploitation de leurs établissements, sous peine de les voir supprimer et d'encourir une assez forte pénalité. Elle rédigea néanmoins l'article 10, comme elle avait rédigé l'article 2, dans des termes assez élastiques pour ménager au ministre de la marine la faculté d'en tirer, à un moment donné, une arme pour la destruction des pêcheries permanentes; et c'est en effet sur l'article 2, et sur les articles 5 et 6 de la loi de 1852[2] qui reproduisent les dispositions de l'article 10 du projet, que le ministre se basa pour prononcer et pour faire confirmer par

antérieurs à cette date (Beaussant, *Code maritime*, n° 85). Toute concession postérieure était d'ailleurs, nous l'avons vu, essentiellement révocable.

[1] Beaussant, *Code maritime*, n° 85.

[2] Art. 5. « Quiconque aura formé sans autorisation un établissement de pêcherie, de parcs à huîtres ou à moules, ou de dépôt de coquillages de quelque nature qu'il soit, sera puni d'une amende de 50 à 250 francs et pourra, en outre, être puni d'un emprisonnement de 6 jours à un mois.

« La destruction des établissements formés sans autorisation aura lieu aux frais des contrevenants. »

Art. 6. « Sera puni des peines portées par l'article précédent...

« 2° Quiconque dans l'établissement ou l'exploitation des pêcheries, parcs ou dépôts autorisés aura contrevenu aux décrets rendus en exécution du § 9 de l'art. 3.

« Dans ce cas, l'autorisation pourra être révoquée et les établissements détruits aux frais des contrevenants. »

l'autorité judiciaire la suppression d'un grand nombre de ces établissements.

La loi de 1852 étant une *loi de police*, il était naturel d'y organiser d'une façon générale le système de répression. C'est ce que fit la Commission dans son projet dont le texte est devenu, à peu de chose près, le texte même de la loi.

Les tribunaux correctionnels, nous l'avons dit, avaient été, en fait, depuis 1815, saisis des infractions aux règlements sur la pêche côtière partout où il n'existait pas de prud'homies [1]. Cette compétence, consacrée par la nouvelle loi (art. 18) malgré les frais et les lenteurs qu'entraînait cette juridiction, et le peu de garantie qu'elle offrait au point de vue des connaissances pratiques en matière de pêche, fut étendue au littoral des deux mers. On ne reconnut donc pas l'existence des prud'homies comme juridictions correctionnelles; on adoptait en cela la jurisprudence de la Cour de cassation qui, par un arrêt du 9 avril 1836, avait décidé que les prud'hommes pêcheurs de la Méditerranée, compétents comme *juges* pour prononcer sur les infractions aux règlements particuliers à leurs communautés respectives, et sur les contestations qui pouvaient s'élever entre eux relativement à la pêche, devaient se borner à constater les contraventions aux règlements généraux comme *officiers de police judiciaire* pour en provoquer la répression par les tribunaux correctionnels. C'était réaliser un important progrès. La législation allait se trouver unifiée, et les délinquants, ne comptant plus sur l'impunité que leur assurait la partialité des juges non moins que l'insuffisance ou la sévérité excessive des vieux règlements, la plupart locaux, qu'ils étaient censés appliquer, seraient désormais moins nombreux. Entraînant des peines encore rigoureuses d'amende et d'emprisonnement (art. 5, 6, 8, 11); recherchées par de nombreux agents (art. 16) pouvant requérir la force publique (art. 14, § 3); constatées par procès-verbaux, rapports ou même par simples témoins (art. 20); déférées aux tribunaux à la diligence du ministère public ou des commissaires de l'inscription maritime, ou encore sur la plainte de la partie civile (art. 19); engageant enfin, à raison des faits de leurs agents et employés, tant au point de vue des amendes que des condamnations

---

[1] Même à Granville et à Cancale, ils n'avaient pas tardé à remplacer les *Conseils des Pêches* organisés par le règlement du 24 juillet 1816.

civiles, la responsabilité des détenteurs des établissements de pêche [1] (art. 12), il y avait lieu d'espérer que les infractions seraient désormais contenues par la triple crainte de la surveillance, de la poursuite et de la répression.

Telle est, dans ses grandes lignes, l'économie de la législation de 1852. Plus conciliante que celles qui l'avaient précédée, offrant cependant les mêmes garanties, adaptée surtout, dans sa partie pénale, aux mœurs actuelles, elle avait l'immense avantage d'être plus facilement applicable, dans un temps où les idées, non moins que les institutions, étaient plus que jamais incompatibles avec une usurpation quelconque du domaine social.

Les bases de la nouvelle législation une fois posées dans cette loi essentielle du 9 janvier qui a été l'une des gloires du ministère de M. Th. Ducos, il restait à élever tout l'édifice de la réglementation de détail. Ce fut, on le sait, l'œuvre des décrets du 4 juillet 1853 et du 19 novembre 1859, rendus en exécution de l'article 3 [2], décrets qui ne sont pas susceptibles d'une analyse exacte en raison des détails infinis qu'ils embrassent.

Pour remédier aux abus signalés et pour servir efficacement les intérêts de la pêche et de la navigation, il ne suffisait pas de soumettre à l'autorisation du ministre les concessions de pêcheries qui seraient faites à l'avenir par le Gouvernement; il était aussi nécessaire d'atteindre les établissements déjà existants. Nous l'avons dit, le législateur de 1852, en réglementant pour l'avenir, avait mis aux mains de l'administration une arme pour régulariser le passé. Après avoir vu ce qu'a fait le législateur, voyons donc ce qu'a fait l'administration.

[1] L'amende, étant une peine, ne devrait jamais atteindre celui qui n'est pas coupable; mais cette mesure, dont on peut contester la justice, et qui était déjà inscrite dans l'article 19, titre III, livre V de l'ordonnance de 1681, a été aussi adoptée pour les délits commis dans les bois domaniaux, pour les contraventions en matière de douanes, etc.

[2] L'art. 35 du décret-loi disposait que les décrets à rendre en exécution de l'art. 3 devraient être publiés dans le délai d'un an et que, jusqu'à leur promulgation, les anciens règlements resteraient en vigueur. Mais la préparation du décret relatif au Ve arrondissement fut retardée par diverses circonstances.

Les décrets de 1853 et de 1859 furent préparés de la manière suivante. Dans chaque quartier, une commission mixte procéda à la confection d'un règlement local. Une commission supérieure, instituée dans chaque chef-lieu d'arrondissement, centralisa les règlements locaux et formula le règlement général applicable à l'arrondissement tout entier. La révision et la coordination des travaux concernant les quatre premiers arrondissements furent confiées, par M. Ducos, à M. de Bon.

XI.

L'application du décret-loi sur la pêche côtière.

Le titre IX de chacun des quatre décrets de 1853 et le titre X du décret du 19 novembre 1859[1] contiennent les conditions d'établissement et d'exploitation des pêcheries, des parcs à huîtres, à moules et des dépôts de coquillages, des réservoirs et de tous les établissements de pêche, l'indication des rets, filets, engins, bateaux, instruments et matériaux qui peuvent y être employés. Ces dispositions détaillées, mais générales, sont les mêmes, à part quelques divergences insignifiantes, pour les cinq arrondissements, et elles sont complétées, dans les titres qui suivent, par des dispositions spéciales aux divers quartiers de chaque arrondissement. Cette réglementation est essentiellement minutieuse; nous en dégagerons cependant les dispositions principales.

Les décrets précités déclaraient *provisoirement* maintenus tous établissements de pêche, quels qu'ils fussent, établis sur le domaine public ou les propriétés privées en vertu d'autorisations régulières, dont les détenteurs produiraient leurs titres dans un délai de trois mois; mais ils stipulaient, qu'à défaut de cette production, ces détenteurs seraient tenus de démolir immédiatement à leurs frais lesdits établissements. Ils chargeaient en conséquence les commissaires d'inscription maritime, assistés d'un officier de vaisseau et d'un pilote de la station locale, de dresser, à l'expiration du délai de trois mois, un état général des pêcheries autorisées, état d'après lequel le ministre devait statuer sur leur maintien ou leur suppression. Ainsi, le ministre était investi, par ces décrets, du pouvoir de prononcer sur la validité des autorisations administratives dont se prévalaient les détenteurs des pêcheries. Bien plus, les décrets, disposant aussi à l'égard de pêcheries existant sur le domaine privé, le ministre pouvait prononcer la suppression au cas même où le possesseur de la pêcherie soutenait soit que la concession lui conférait un droit irrévocable, soit que des actes civils ou des faits de possession avaient

---

[1] Ce décret contient, en outre, les dispositions spéciales aux pêcheries de la Méditerranée dont il règle les conditions d'installation et d'exploitation. L'art. 107 décide que les madragues et bordigues sont aussi *provisoirement* maintenues.

transformé en propriété pleine, entière et définitive, ce qui n'avait été originairement qu'une concession révocable ou qu'une usurpation. Et un arrêté de suppression de cette sorte n'était qu'une mesure de *police* prise par le ministre de la marine en vertu de ces décrets et de l'article 2 de la loi de 1852, mesure dont les tribunaux n'avaient point à être juges, alors même qu'il existait réellement un droit de propriété[1].

Tel était, pour le passé, le mode d'exécution de l'article 2. Ainsi la même autorité qui avait rendu comme pouvoir dictatorial le décret-loi de 1852, entendait dans les décrets de 1853, qu'elle rendait seulement comme pouvoir exécutif, les termes généraux de cet article dans ce sens qu'*aucun établissement* « ne pouvait être formé », c'est-à-dire *exister* sur le domaine maritime ou les propriétés privées, sans une autorisation du ministre de la marine, ou de l'autorité qui avait tenu sa place dans le passé ; et elle condamnait à être démolis tous ceux qui ne réalisaient pas cette condition. Se trouvaient donc maintenus, mais seulement *provisoirement*[2], tous les établissements de pêche, dont les détenteurs pouvaient invoquer soit les dispositions de l'ordonnance de 1681 et de celles qui l'avaient complétée, soit une autorisation régulière donnée à une époque quelconque.

Cette interprétation du texte de l'article 2, avant d'être ainsi consacrée par décret, avait été adoptée par le département de la marine. Dans le courant de cette même année 1853, M. Th. Ducos avait fait

[1] « La loi de 1852, ayant soumis l'exercice de la pêche à des règles de police, au nombre desquelles se trouve la nécessité de l'autorisation ministérielle, a, par le même, dénié aux détenteurs de pêcheries la faculté d'alléguer un droit de propriété comme moyen de défense à l'arrêté de suppression prononcé dans l'intérêt du service public » [*Lettre de l'amiral Hamelin, ministre, au procureur général près la Cour de cassation au sujet de l'affaire Messager (9 juin 1856)*].

[2] Toute concession, en effet, n'avait pu être faite qu'à titre précaire. Le ministre de la marine prétendait (*Lettre* de l'amiral Hamelin au sujet de l'affaire Messager) que cette précarité atteignait même les concessions antérieures à 1544, et que, par suite, au point de vue du droit, il était tout à fait indifférent qu'un établissement de pêche eût été autorisé à telle ou telle époque. Nous avons déjà dit que cette théorie, que la Cour n'a pas consacrée, nous semblait contraire aux données de l'histoire. Il faut d'ailleurs remarquer qu'en fait, la discussion n'offrait aucun intérêt pratique. Il fallait, en effet, que l'existence avant 1544 de l'établissement fût *prouvée*, et non pas seulement *présumée* d'après les termes vagues d'une possession immémoriale (Ainsi jugé par arrêt de cassation du 25 juillet 1851, notifié par circulaire du 11 octobre); or, nous l'avons vu, du temps même de Valin, aucun détenteur n'était en mesure de faire cette preuve. — On trouvera insérés au *Bulletin officiel de la Marine* les circulaires du ministre et les autres actes que nous avons l'occasion de citer.

procéder par des commissions à un recensement général de toutes les pêcheries, et, après s'être ainsi enquis de leurs forme, dimension, situation et superficie, avait prononcé, par une décision du 8 juin, au vu des conclusions de sous-commissions locales et de commissions supérieures, la suppression sans indemnité d'environ trois cents d'entre elles situées dans divers quartiers du sous-arrondissement maritime de Rochefort, suppression depuis longtemps réclamée par le conseil général de la Charente-Inférieure. Pour la plupart, la suppression était totale; pour quelques autres, elle ne consistait qu'en une réduction partielle. Ces établissements étaient surtout des écluses à huîtres ou à poissons, des bouchots, des claires et des viviers. Leurs détenteurs étaient tenus de les démolir à leurs frais dans le délai de trois mois. En même temps, le ministre déclarait expressément que « les parcs et les pêcheries établis sur la mer et ses rivages ne sont point des propriétés et ne peuvent être considérés, quels que soient les titres invoqués, que comme des usages ayant un caractère essentiellement précaire et révocable, et dont la suppression, dans un intérêt public, n'ouvre aux détenteurs aucun droit à une indemnité[1] ». C'était menacer du même sort tous les établissements qui n'avaient pas été frappés.

De nombreux arrêtés suivirent celui du 8 juin. Ce ne fut d'ailleurs qu'après un examen personnel et des plus attentifs que le ministre prit ces décisions, qui furent toujours fondées sur le degré de nocuité des pêcheries par rapport à la navigation ou à la pêche. Il supprima de préférence les établissements qui appartenaient à des gens aisés ou à qui des professions étrangères à la marine fournissaient des moyens d'existence; et il recommanda toujours aux commissaires d'inscription maritime de bien faire comprendre aux intéressés qu'à très peu d'exceptions près, ils ne s'agissait pas pour eux d'*éviction*, mais bien de *régularisation*.

Les arrêtés de suppression, néanmoins, ne s'exécutèrent pas, on le conçoit, sans de très grandes difficultés. Les détenteurs, malgré les avertissements nécessaires, se montrèrent souvent récalcitrants et se refusèrent à la démolition de leurs pêcheries, ou, après en avoir commencé la destruction, se bornèrent à présenter, pour seuls moyens

---

[1] Doctrine déjà consacrée par les arrêts du Conseil d'État des 10 août 1817 et 29 novembre 1859.

d'excuse de n'avoir pas terminé cette opération, les difficultés que la mer leur avait opposées, ou les dépenses qu'il leur aurait fallu faire pour la terminer et auxquelles il leur avait été impossible de subvenir.

Mais l'administration de la marine n'hésita pas à traduire devant les tribunaux correctionnels, conformément à la loi de 1852, ceux dont le mauvais vouloir mettait ainsi obstacle à la réalisation d'une réforme indispensable; et, lorsque les jugements rendus lui semblèrent assis sur une doctrine préjudiciable aux intérêts maritimes et contraire à l'esprit et au texte de la loi, elle s'empressa d'en interjeter appel et de porter de là l'affaire en cassation, même dans le seul intérêt de la loi[1], s'il en était besoin, avant de se résigner à voir consacrer par l'autorité judiciaire cette doctrine contraire à la sienne. Disons d'ailleurs qu'elle triompha presque toujours devant la Cour suprême.

L'interprétation donnée à l'article 2 de la loi du 9 janvier 1852 par les décrets de 1853 et par le département de la marine fut plusieurs fois contredite et confirmée, notamment à propos d'une affaire qui fut l'occasion d'une discussion approfondie de la matière au point de vue doctrinal[2]. Un arrêté ministériel du 1er mai 1855 avait prononcé la suppression d'un réservoir à poisson situé dans le quartier des Sables, dont le détenteur, le sieur Messager, n'avait pas produit ses titres dans le délai de trois mois, fixé par le décret du 4 juillet 1853. Le sieur Messager, n'ayant pas procédé à la démolition, fut poursuivi en vertu des articles 2 et 5 de la loi de 1852 devant le tribunal correctionnel des Sables; mais ce tribunal lui accorda un délai de trois mois pour faire statuer sur les droits de propriété dont il excipait en invoquant l'article 182 du Code forestier. Ce jugement fut réformé en appel par le tribunal supérieur de Napoléon-Vendée qui condamna le sieur Messager aux peines édictées par la loi. Le contrevenant porta alors l'affaire en cassation, et fit valoir, comme principal moyen, que la loi de 1852 dispose pour l'avenir et respecte

[1] Voir ainsi, à la suite de la circulaire du ministre du 29 juin 1853, un arrêt cassant et annulant, dans l'intérêt de la loi, un arrêt de la cour de Rennes du 3 octobre 1851.
[2] Le tribunal de Saintes avait déjà décidé, le 16 mai 1851, que « les termes très généraux de la loi de 1852, art. 2, pouvaient et devaient s'appliquer tout aussi bien aux pêcheries déjà existantes qu'à celles à établir à l'avenir.... que, s'il en était autrement, le législateur aurait complètement manqué le but qu'il se proposait... » Voir la circulaire du ministre du 4 avril 1851.

les droits acquis dans le passé; que les termes de l'article 2 en
excluent toute application rétroactive; qu'au surplus l'autorisation,
nécessaire aux pêcheries situées sur le domaine public, n'est pas
requise par cet article pour celles qui sont placées dans une propriété privée et qui ne sont pas en communication directe avec la
mer. Mais la Cour, dans un arrêt mémorable en date du 19 juillet 1856,
consacra très nettement, et dans toute son étendue, le droit absolu
de police et de suppression de l'administration en matière de pêcheries maritimes, et, sur le rapport très remarquable de M. le conseiller
Legagueur et les conclusions conformes de M. l'avocat général
d'Ubexi, prononça le rejet du pourvoi.

Il ressort de cet arrêt que la supression est une mesure de police
maritime et d'administration publique, destinée à faire cesser l'usage,
déclaré dangereux, que le propriétaire fait de sa chose; qu'elle est,
d'après la loi maritime de 1852 qu'il s'agissait d'interpréter, applicable au propriétaire véritable, aussi bien qu'à l'usurpateur de tout
établissement de pêche, même antérieur à sa promulgation, et que
le détenteur doit être contraint d'exécuter la mesure de suppression,
quel que soit le jugement qu'il obtienne au civil.

Ainsi, l'administration de la marine obtenait gain de cause : la
Cour suprême consacrait solennellement la légalité de ses actes et en
rendait ainsi pour l'avenir l'exécution plus facile.

Beaucoup de pêcheries furent, d'ailleurs, maintenues en faveur de
détenteurs intéressants; mais ce fut toujours avec la clause que
ce maintien serait essentiellement révocable et subordonné à la
rigoureuse observation des nouveaux règlements. Les décrets de
1853 avaient, du reste, disposé que les commissaires d'inscription
maritime tiendraient comptabilité de tous les établissements conservés. Ils devaient les suivre sur un registre et y consigner
leur configuration, leur position, leurs limites, ainsi que les noms
de leurs détenteurs, les titres ou autorisations et leur date. La
tenue de cette comptabilité facilita l'exécution de la décision
impériale du 21 novembre 1854, rendue sur le rapport de M. Th. Ducos,
décision qui énonçait l'intention de supprimer graduellement, mais
définitivement, les pêcheries à poisson. Dans le but de réaliser sans
secousse cette mesure, le ministre, dont les arrêtés avaient déjà
supprimé les établissements les plus immédiatement nuisibles, prescrivit, par une dépêche du 7 août 1855, aux commissaires d'inscrip-

tion maritime, d'adresser des propositions de suppression à leurs
chefs dans les cas suivants : un sinistre, quelque gêne apportée à
l'action de la surveillance, à la direction d'un sauvetage, le décès du
détenteur, son insubordination ou une condamnation en récidive
dans le cas prévu par le n° 2 de l'article 6 de la loi du 9 janvier 1852,
sans préjudice de toutes autres circonstances sur lesquelles ils pourraient baser des propositions de suppression, « propositions, ajou-
tait le ministre, auxquelles je m'empresserai de donner suite. » La
dépêche recommandait, en outre, comme un moyen efficace d'arriver
au but indiqué, le refus par les préfets maritimes ou les chefs du
service d'autoriser les réparations de pêcheries [1].

Ainsi, une pêcherie devait nécessairement disparaître, au plus
tard avec son détenteur actuel. Nous disons *actuel*, car, si les décrets
de 1853 n'ont pas défendu explicitement la cession ou la location
des pêcheries à poissons, comme ils l'ont fait pour les établissements huîtriers, mouliers et coquilliers [2], — défense qui aurait été
superflue, puisque ces pêcheries devaient disparaître dans un temps
donné, — l'administration de la marine put toujours empêcher, par
une menace de suppression, de les transmettre ou de les louer à
quelque titre que ce fût. Dans la plupart des cas, le maintien de la
possession était donc attaché à la bonne volonté du possesseur, et ce
dernier était à même de le mériter durant le reste de sa vie : bien
que ses héritiers fussent privés d'en recueillir le bénéfice, l'équité,
l'intérêt privé étaient donc suffisamment sauvegardés.

En outre, et pour couronner tant d'efforts, le ministre, malgré la
faculté qui lui était laissée par la loi de 1852, avait déclaré « que
son intention formelle était de n'accorder désormais aucune autorisation relative à l'établissement de pêcheries à poissons; mais que,
seulement, à cause de la faveur que méritait l'industrie huîtrière, il
était disposé à accorder toutes facilités pour la création des parcs à
huîtres, à moules et à coquillages [3] ». Et, en effet, de nombreuses

[1] D'arrêts de cassation notifiés par circulaires du ministre de la marine des 15 octobre 1851 et 29 juin 1853 il résulte que les reconstructions ou réparations non autorisées
de pêcheries tombent sous l'application des articles 2, 3, 5 et 6 de la loi du 9 janvier 1852.
La nécessité, dans ce cas, de l'autorisation, qui n'était pas inscrite dans les décrets de 1853,
fut formellement exprimée dans l'art. 100 du décret de 1859.

[2] Cette interdiction a son fondement dans le caractère essentiellement révocable des
concessions d'établissements de pêche.

[3] *Circulaire d'envoi des décrets du 4 juillet 1853.*

concessions *à titre gratuit* furent faites à la population riveraine pour établir des parcs à huîtres, « indispensables auxiliaires de la pêche en bateau, à l'accroissement de laquelle ils contribuent puissamment [1]. » La résolution prise par le ministre fut même consacrée officiellement, pour le V° arrondissement, par l'article 99 du décret du 19 novembre 1859 : « Toute demande en autorisation d'établissement de pêcheries à poissons sera rejetée. » Le décret du 10 mai 1862 en fit, pour tout le littoral, une règle absolue : « A l'avenir, dit son article 10, il ne sera établi aucune pêcherie à poissons, soit sur le domaine maritime, soit sur une propriété privée. » Toutefois, son article 9 autorise l'établissement, après demande, de fossés et réservoirs à poissons sur les propriétés privées recevant l'eau de la mer, à cause de leur innocuité et des ressources qu'ils offrent à la consommation. Il convient de remarquer, enfin, que le § 1er de son article 3 fait rentrer les hauts et les bas parcs dans la catégorie des filets fixes, de sorte que la prohibition de l'article 10 ne s'étend pas aux pêcheries temporaires.

La persévérante énergie du département de la marine triompha ainsi de tous les obstacles; les pêcheries permanentes nuisibles disparurent presque entièrement de notre littoral; le domaine maritime fut rendu enfin et définitivement à la jouissance commune, et l'industrie de la pêche à la liberté. Tout fut cependant conduit graduellement et avec douceur. Nous ne saurions trop célébrer le mérite qu'a eu le département de la marine d'avoir su consommer cette exécution en ménageant suffisamment l'équité, et résoudre si heureusement l'un des problèmes les plus difficiles en face desquels il se soit trouvé. Nous nous plaisons à rendre hommage au zèle intelligent et au tact administratif de ceux qui ont su mener à si bonne fin cette délicate entreprise, et affermir ainsi les principes tutélaires sur lesquels reposent les intérêts maritimes les plus essentiels et, avec eux, l'avenir et la prospérité de notre établissement naval [2].

---

[1] *Rapport à l'Empereur* du 21 novembre 1854.
[2] En deux ans, du 1er avril 1852 au 1er avril 1854, notre personnel naval s'augmenta de 11,949 individus (*Rapport à l'Empereur* du 21 novembre 1854).

XII.

Conclusion.

Nous l'avons vu au cours de cette étude : l'usurpation du domaine maritime, pratiquée comme une tradition venue de Rome par les seigneurs féodaux, fut vivement combattue par le gouvernement de nos rois. Leurs efforts, sans doute, annihilés qu'ils étaient par des obstacles très sérieux que nous avons essayé d'indiquer, n'eurent pas grand succès; mais, il n'en est pas moins vrai qu'avec tout leur arsenal de pénalités, les ordonnances et les déclarations étaient impératives, et que si l'action de l'autorité se trouva paralysée par les difficultés d'exécution, le législateur avait réglementé avec énergie. Quelle a été la raison dominante des mesures prohibitives ou restrictives qui furent adoptées contre les établissements de pêche maritime ? Telle est la question que, parvenu au terme de ce travail, nous croyons devoir examiner.

Si l'on parcourt les préambules des ordonnances et des déclarations ou les considérants des arrêts du Conseil qui s'y rapportent, on peut remarquer ce fait que la conservation du frai et du poisson, la protection de la pêche côtière y est toujours invoquée comme motif principal de leurs dispositions; l'intégrité du domaine, les besoins de la défense, la facilité de la voirie, celle de la navigation semblent beaucoup moins préoccuper ceux qui les ont rendus. Et, en effet, la pêche est ici le seul intérêt gravement et directement engagé. Les parcs et pêcheries, il faut l'avouer, ne sont guère, en général, dommageables à la propriété publique; ils n'affectent guère la voirie ni la défense et, sauf les madragues et les bordigues, ne gênent pas beaucoup plus la navigation [1]. Ce qui le prouve, c'est que

[1] Valin formule une autre opinion (livre V, titre III, art. 5) : il dit que la liberté de la pêche est, *après le motif de la navigation*, celui qui a fait proscrire tous les parcs d'un établissement postérieur à l'année 1544; mais il suffit de lire son Commentaire pour se convaincre que l'intérêt de la pêche est l'intérêt dominant en cette question. Un gros bâtiment se trouvera presque toujours échoué avant d'arriver jusqu'à une écluse ou jusqu'à un bouchot, le savant commentateur le reconnaît lui-même; d'autre part, un petit bâtiment faisant une navigation restreinte le long des côtes n'aura pas à les redouter parce qu'il les connaîtra, et saura les éviter. D'ailleurs, rien n'empêche d'indiquer par des bouées ou des balises ces écueils artificiels. Ce n'est donc qu'exceptionnellement

le Gouvernement, comme il le fait encore aujourd'hui, a toujours autorisé et même favorisé ceux de ces établissements, en particulier les parcs à huîtres, qui, inoffensifs au point de vue de la pêche, ne compromettaient pas, d'ailleurs, *manifestement* — et cela a toujours été la grande majorité des cas — ces derniers intérêts. Ce qui le prouve encore, c'est que les établissements de pêche formés sur les propriétés privées sont assujettis aux mêmes règles que ceux qui sont fondés sur le domaine public.

Ainsi, c'est bien moins comme établissements privés existant sur le domaine public que comme moyens de pêche, que les parcs et pêcheries ont été depuis si longtemps l'objet d'une réglementation étroite : l'intérêt domanial n'a été, en somme, qu'une arme puissante dans la lutte dont les pêcheries ont été l'occasion; mais cette lutte elle-même est née de la compromission des intérêts de la pêche, et cela justifie le point de vue auquel nous nous sommes placé dès le début de cette étude.

C'est ici le lieu de dégager et de mettre en relief le caractère actuel de tout établissement de pêche. Par la raison qu'une chose est publique, chacun a le droit d'en user selon sa destination. Tout individu a donc le *droit* primordial d'employer l'engin qui lui plaît pour l'exploitation des richesses maritimes, mais, suivant une distinction classique, il n'en a pas l'*exercice*. Son droit est en effet limité, comme tout droit, par le droit d'autrui ou l'intérêt général, et il ne peut l'exercer à leur détriment. Quel sera l'appréciateur de cette condition *sine quâ non?* Qui déclarera que l'exercice du droit ne lèse aucun intérêt respectable, et, par suite, autorisera cet exercice? Le législateur, par voie de réglementation générale, en ce qui concerne ceux de ces engins dont la nature donne le degré de leurs inconvénients; l'autorité administrative, dûment investie par le législateur et par voie de disposition particulière, en ce qui concerne les modes d'exploitation dont la nocuité dépend des circonstances

que ces pêcheries peuvent préjudicier à la navigation; elles constituent, au contraire, pour la pêche, un danger constamment effectif et non pas seulement éventuel.

Dans tous les actes de la législation moderne, l'intérêt de la pêche, *principal élément de notre inscription maritime*, est toujours présenté comme le plus engagé dans la question des établissements. Il suffit, pour s'en convaincre, de parcourir les rapports de la commission de 1850, ou de lire les considérants de l'arrêté de suppression du 8 juin 1853 qui se trouvent reproduits dans presque tous les arrêtés de suppression ultérieurs.

dans lesquelles ils sont employés. On entend bien que les établissements de pêche rentrent dans cette dernière catégorie. On entend bien aussi que, le pouvoir d'appréciation de l'autorité administrative étant constant comme celui du législateur, cette autorité possède la pleine faculté de modifier ou de retirer ses autorisations, comme le législateur possède celle de changer ou d'abroger la loi. On aperçoit enfin que ni l'autorité administrative, ni le législateur, ne peuvent rationnellement imposer une redevance en argent ou en nature pour prix de l'autorisation qu'ils donnent à l'emploi de tel mode de pêche sur la propriété commune[1]; car, étant posés le principe de la publicité du domaine et celui de la liberté de la pêche qui en est le corollaire, cette autorisation, générale ou particulière, n'est pas une concession d'un droit nouveau, mais une simple permission d'exercer un droit qui lui est préexistant[2].

Ainsi, l'autorisation de créer un établissement de pêche ne constitue pas théoriquement un privilège parce qu'elle est essentiellement *révocable*[3] et qu'elle n'est, pour ainsi dire, que l'acte de sanction et de

[1] Voir, à ce sujet, Beaussant, *Code maritime*, n° 819. C'est dans ce sens que fut conçu l'art. 7 de la loi de finances du 1er mai 1822 qui supprima tous les droits de pêche perçus dans un but fiscal sur les étangs salés faisant partie du domaine public.

[2] Le principe de la liberté et de la gratuité de la pêche maritime, formulé pour la première fois par l'ordonnance de 1681, a été plusieurs fois consacré depuis (Voir, par exemple, l'avis du Conseil d'État du 25 décembre 1807; l'arrêt de cassation du 29 mai 1869). Les décrets de 1853 et de 1859 rappellent formellement ce principe. — Tout le monde peut donc se livrer à la pêche maritime, sans fermage ni licence, mais il résulte des dispositions de la loi du 3 brumaire an IV que l'exercice de la pêche, à moins qu'on ne la pratique à titre de distraction, entraîne l'assujettissement au régime exceptionnel de l'inscription.

On peut noter ici que la liberté et la gratuité de la pêche fluviale n'existent pas, ce qui est absolument contraire aux principes de la domanialité publique. — La loi du 15 floréal an X a rétabli, au profit de l'État, le droit de pêche exclusif, aboli comme droit féodal en 1793: « A compter du 1er vendémiaire prochain, nul ne pourra pêcher dans les fleuves et rivières navigables s'il n'est muni d'une licence ou s'il n'est adjudicataire de la ferme de la pêche... » (Loi du 15 floréal an X, titre V, art. 17). L'exercice du droit de pêche au profit exclusif de l'État est de nouveau consacré dans les lois des 15 avril 1829 et 31 mai 1865 sur la pêche fluviale.

[3] M. Toullier (tome III, n° 119), en soutenant l'opinion contraire, dénature manifestement, ainsi que le fait observer M. Troplong (*Prescription* n° 150), le caractère de choses *hors du commerce*, c'est-à-dire non susceptibles de propriété privée, qu'attribue aux rivages de la mer l'art. 538 du Code civil. « Les établissements sur le rivage de la mer, ajoute M. Troplong, ne peuvent donner un droit de propriété incommutable. Mais l'autorisation du Gouvernement produit cet effet remarquable que le concessionnaire, bien que possesseur précaire envers l'État, est censé propriétaire envers les particuliers. Ainsi, en prenant pour exemple une pêcherie, un étranger ne pourrait venir « tendre ses filets », l'État

promulgation du droit de l'impétrant. Elle n'entraîne pas redevance; car, si un arrêté des ministres de la Marine et des Finances, du 17 avril 1873, pris en vertu de l'article 2 de la loi de finances du 20 décembre 1872 et toujours en vigueur, en a disposé autrement en assujettissant le détenteur non inscrit d'un établissement de pêche fondé sur le domaine public maritime, ou sur une propriété privée alimentée par l'eau de mer, au payement annuel d'une redevance légitimée d'ailleurs par les profits qu'il en retire, c'est en raison de nécessités budgétaires dont la théorie n'a pas à tenir compte[1].

D'après ce qui précède, on ne saurait trouver inconséquentes les mesures par lesquelles le département de la marine s'est départi de son ancienne sévérité. A la suite de réclamations persistantes, tendant à la réédification des pêcheries supprimées, postérieurement aux arrêtés de suppression rendus à la suite des recensements opérés en 1853, parce qu'elles étaient abandonnées ou que leurs détenteurs étaient décédés, on procéda à un nouvel examen des questions que soulèvent les pêcheries. Cet examen fit reconnaître qu'il était possible et parfois même utile, par exemple pour protéger la côte contre les érosions de la mer, de permettre la reconstruction de ceux de ces établissements qui seraient reconnus ne pas offrir d'inconvénient pour la conservation du poisson, la navigation, les opérations de sauvetage et le libre accès des plages. En conséquence, l'amiral Rigault de Genouilly, ministre de la marine, autorisa, par une instruction du 2 novembre 1867, les préfets maritimes et les chefs du service des sous-arrondissements à lui soumettre des propositions de *reconstruction* de pêcheries. Il faut remarquer que cette circulaire ne constitue pas une violation de l'article 10 du décret du 10 mai 1862, car cet article a eu en vue les pêcheries de construction nouvelle et non pas celles qui, maintenues en 1853, ont été, depuis, l'objet d'un retrait d'autorisation par mesure administrative. Des décrets successifs ont donc autorisé la réédification de pêcheries à poissons sur les plages

seul pourrait troubler le concessionnaire dans sa possession, tandis que celui qui aurait fait un établissement sans autorisation ne pourrait se plaindre des inconvénients qui résulteraient pour lui de quelque autre entreprise. »

[1] La Chambre des députés, dans sa séance du 24 janvier 1879 (*Journal officiel* du 25 janvier, p. 542), a refusé de prendre en considération une demande tendant à exonérer de la redevance les établissements de pêche fondés sur le domaine maritime.

des îles de Ré, d'Oléron, de Noirmoutiers, et des quartiers des Sables d'Olonne et de Pornic[1].

Pour déraciner l'abus, il avait fallu prendre une mesure radicale ; mais il était logique qu'une fois l'abus anéanti, l'emploi raisonnable de puissants moyens de capture, sacrifié un moment à la cause d'intérêts supérieurs, recouvrât les droits que lui assure, dans la limite du respect dû à ces intérêts, le principe de la liberté de la pêche.

Quel a été le degré d'efficacité, au point de vue du repeuplement de nos eaux littorales, de la suppression de tous les établissements de pêche reconnus nuisibles ? On ne saurait le déterminer d'une façon précise, parce qu'elle a eu lieu dans le même temps que la pêche en bateau était elle-même l'objet d'importantes réformes. Ce qui est certain, c'est que depuis trente ans la diminution du poisson ne s'est pas accentuée ; et c'est un succès que d'avoir réussi, malgré l'application tardive du remède, à enrayer le mal. La pêche a même fait un pas en avant sur le chemin de la prospérité, car, en novembre 1876, M. de Bon, alors commissaire général et directeur des services administratifs, pouvait exposer en ces termes au ministre les bienfaits d'une législation à l'établissement de laquelle il avait si largement coopéré. « Au moment où la situation de notre marine marchande inspire les plus sérieuses préoccupations, il est consolant

[1] La *Statistique des pêches* de 1883 donne les chiffres suivants, pour les établissements de pêche existant au 31 décembre :

	Domaine public.	Propriétés privées.
Pêcheries à poissons en pierres et en bois.	970	1
Pêcheries à poissons en filets.............	1,289	»
Parcs, étalages, claires, viviers, etc.......	36,580	1,255
Bouchots à moules.....................	5,668	»
Parcs ou dépôts de moules..............	990	18
Réservoirs ou viviers à crustacés.........	102	1
Réservoirs à poissons...................	5	1,633
Bordigues.............................	1	32
Madragues.............................	16	»
Dépôts à coquillages, etc...............	45	»
TOTAL........	45,631	2,940

Soit un total de.............................. 48,621

établissements de pêche occupant une superficie de 1,879 hectares et détenus par 49,068 personnes.

de pouvoir opposer à la stagnation de la navigation de long cours, au déclin du cabotage, l'état satisfaisant de notre pêche maritime côtière. Depuis nombre d'années, le progrès a été constant de ce côté, mais il s'est surtout accentué depuis vingt-cinq ans, c'est-à-dire à partir de l'époque où une législation nouvelle a été donnée à cette industrie. En vingt-cinq ans, le nombre des bateaux affectés à la pêche côtière a augmenté de 8,729, celui des marins de 20,159 et le produit de la pêche de 39,197,394 francs[1]. »

O'Connell se vantait de lancer un char à quatre chevaux à travers les articles de la Constitution britannique sans en heurter un seul. Or, si l'on considère que nos pêcheurs pourraient, de même, pousser leur barque, toutes voiles dehors, à travers le réseau trop lâche des prescriptions réglementaires en matière de pêche, et même en heurter impunément beaucoup qui ne sont pas appliquées, on est fondé à conclure que la nouvelle législation des établissements de pêche a déterminé en grande partie l'amélioration signalée. Cette législation a atteint, selon nous, son apogée de perfection: elle est rationnelle en même temps que pratique; il n'y a rien d'essentiel à y ajouter ni à en retrancher.

Qu'il nous soit permis d'exprimer le souhait que, dans un temps prochain, le département de la marine, à qui revient le mérite de l'avoir établie, ne considère plus celle des filets traînants comme un problème insoluble, et que, prenant exemple du législateur de 1681, du gouvernement espagnol de 1865, et de la libre, mais sage Amérique, il se décide à expérimenter le régime de la prohibition, mais de la prohibition sérieuse, effective, strictement appliquée.

Ce serait, croyons-nous, achever l'œuvre commencée, c'est-à-dire

---

[1] *Statistique des pêches maritimes.* — Le repeuplement des huîtrières naturelles a surtout été fort sensible. L'ostréiculture, non moins que les mesures de protection, a déterminé ce résultat. Il est en effet démontré par l'observation que si les fonds naturellement reproducteurs sont les foyers d'alimentation des parcs, ceux-ci à leur tour renvoient aux huîtrières une partie des richesses qu'ils en ont reçues. Les bancs du bassin d'Arcachon en offrent un exemple frappant. Ils se sont tellement enrichis qu'ouverts en novembre 1871 à la pêche publique pendant quelques heures seulement, ils ont fourni une récolte de 40,360,000 huîtres aux 8,500 personnes qui ont participé au draguage ou à la cueillette sans être épuisés par cette pêche sans précédent (Pizetta et de Bon, *La Pisciculture et l'Ostréiculture en France*, Paris, 1880). Malheureusement aujourd'hui, un assez grand nombre d'huîtrières sont, pour des causes diverses encore fort obscures, mais surtout par suite de draguages abusifs et d'une fraude incessante, menacées d'une ruine complète.

ramener définitivement l'abondance sur nos côtes, stimuler l'activité des populations maritimes, favoriser leur aisance, assurer, en un mot, l'entière régénération de notre petite pêche, cette industrie éminemment nationale, cette école primaire de navigation, comme on l'a ingénieusement appelée[1], cette pépinière d'une flotte qui a été l'un des plus glorieux instruments et doit rester l'un des plus puissants soutiens de la grandeur du pays.

[1] *Exposé des motifs* de la loi du 21 ventôse an XI (12 mars 1804).

TABLE DES MATIÈRES

Paris. — Imprimerie L. Barros et Cᵉ, 2, rue Christine.

www.ingramcontent.com/pod-product-compliance
Lightning Source LLC
Chambersburg PA
CBHW071908200326
41519CB00016B/4528